U0038118

古典 著

躍遷

「羅輯思維」最受歡迎的知識大神
教你在迷茫時代翻轉人生的5大生存法則！

各界推薦

古典兄是著名的生涯規劃師，頂級個人事業發展顧問。他的《拆掉思維裡的牆》在大陸行銷百萬冊，幫助很多人解開心智模式的糾結，活出自我；新著《躍遷》則從社會的角度解釋個人如何利用規律，發揮優勢，快速增值。即使活到八十歲，人還是可以改變的，而且改變的幅度，遠遠超乎你的想像。在打開這本書的時候，你已經走在了改變的路上。

——作家・音樂人・心理學教育學者／劉軒

我常說：「因為我們是天才，所以值得更加努力。」意思是只要不斷努力，人人都有機會接近天才。讀了古典老師的《躍遷》，我突然驚覺：「只要站對位置，人人都能超越天才。」不要活在加法的世界，要活在乘法的世界，最好是活在次方的世界。$2+2+2=6$ 比不上 $2\times2\times2=8$ 比不上 $(2^2)^2=16$。

——導演・小說家／許榮哲

談到投資，很多人想到的是股票、地產、匯率、黃金，現在更多了虛擬幣。這些投資就如公開說明書的提醒，投資有賺有賠，投資前要詳閱公開說明書。但我今天要介紹你一個穩賺不賠的投資，只需要花你大約一個套餐的價格，幾個晚上的時間，而投資報酬率卻是百倍歸還，這樣的機會我想你應該不會拒絕！古典老師的最新大作《躍遷》，這本書將告訴你如何在這知識爆炸的時代，外包你的腦袋，用最精準省力的學習方式，在高價值區做正確的事，並幫助你透過頭部效應讓知識升級甚至是變現，讓你的常識呈現複利式的成長。你覺得現在的人生卡關嗎？讀完這本書將有機會幫助你躍遷生命中的每一道關卡。

——閱讀人社群主編／鄭俊德

這是一本顛覆認知的書。我們過去總以為成長進步的關鍵在於努力積累，但事實上，幾乎所有取得重大成就的人，他們的進步都有一個特點：非線性。如何從線性的進步模式切換到非線性的躍遷模式？掌握了成長秘密的古典老師恰恰知道這道難題的答案——《躍遷》這本書就是要給我們揭開這個奧秘。

——《精準學習》作者／成甲

這是一個個體崛起的時代，卻不是每個個體都能崛起的時代。順應時代的躍遷者崛起，平庸的人則舒服地被機器圈養。成功的躍遷者，都是肯花笨功夫的聰明人。《躍遷》教會你，對內提升潛能，對外發現可能，在正確的範式下，做「最聰明的勤奮者」。

——**著名天使投資人／李笑來**

在所有同類型的書裡，我認為古典老師的文字是最有趣的。我是一名電影導演，每次看他的文字，總會覺得是一個個優秀的鏡頭，一個個有意思的故事，搭配成了一部優秀的電影。

——**青年導演・青年作家／李尚龍**

這個世界不缺聰明的人，也不缺勤奮的人，但聰明人不一定能夠發揮自己最大的優勢，最後也可能一事無成；勤奮者也會因為只是勤奮，卻找不到解決問題的關鍵，最後碌碌無為。古典的《躍遷》，教你如何利用社會的底層規律撬動自身發展。每個不甘平庸的人，都應該讀一讀。

——**《21世紀商業評論》發行人／吳伯凡**

你要知道：你今天遇到的問題早就有人經歷過，並且找到了更好的方式；你所要做的，只是學習。這是古典老師告訴我們的學習方法論。

——**真格基金會創始人／徐小平**

古典老師一直在思考關於思考的技術和藝術，這本書裡集合了大量對思維方式改善有益的方法。有了思維的武器，才能很好地進步！

——**樊登讀書會創始人／樊登**

一個普通人如何在短時間內實現人生躍遷？除了良好的時間管理之外，還需要如古典老師在書中所說，用頭部效應進行定位，堅持在正確的路上做對的事；不囿於平面思維，擁有解決複雜問題的能力；用分享心態做事，堅信群體智慧會加速成長。

——**新東方集團演講師／艾力**

推薦序——

用自己的步伐丈量這個時代

新東方教育集團創始人 **俞敏洪**

時常有人問我，該如何在這個時代從容地生活？

這個時代一切發展得飛快，城市每天一個樣子，工作種類不斷增加、全球化進程越來越快，今天學的東西明天可能就過時了。所以每個人都免不了有心浮氣躁的感覺，每天忙忙亂亂。但即使如此，好像也什麼都沒抓住，好像稍微一恍惚，有些機會就失去了。

該如何在這個時代，讓自己從容又持續地成長？

第一個重要的事情，是先慢下來。不是不做，而是想清楚了再去做。

管理學中有一句話叫作「不要以戰術上的勤奮掩飾戰略上的懶惰」。這句話的意思是，有些做企業的創始人整天忙忙碌碌，抓著各種各樣的事情，每天二十四個小時不夠用。但整個公司不僅發展的戰略方向不明確，重點也不明確，最後公司不是倒閉了，就是處於危機狀態。

另一個說法則給了這種低水準勤奮解藥：「大處著眼，小處著手。」意思是在做任何事情的時候，我們一定要縱觀全域，把事情都想清楚了、理清楚了，再下手去做。這樣的話，即使從最細小的事情開始做，大方向也始終保持一致，有序而不亂。

所以，不論是面向自己的人生設計，還是面向工作發展，都一定要先把事情慢下來，先把心靜下來，看清楚了才能想清楚，想清楚再去做。

古典原來是新東方優秀的ＧＲＥ（美國研究生入學考試）詞彙老師，也是新東方第一屆的教師培訓師。在教學過程中，他有感於人生方向、選擇、心智對於人的影響，也許更甚於教詞彙，二〇〇七年開始全職從事生涯教育和諮詢，從業十年專注這個領域，逐漸成為圈內高手。

他顯然也注意到了這個時代的焦慮底色。他在書裡指出：在這個時代僅憑個人努力，是遠遠不夠的，你需要先理解時代的趨勢，看到每一個企業、公司都有自己的系統。找到系統的槓桿支點，個人的力量才會被放大。要懂得借時代的勢，借平台的勢，就像鳥借助上升氣流和同伴的拍打翅膀，能夠飛越大洋。

在這本書裡，他深入地剖析了很多高手故事，投資家巴菲特如何用最保守的策略賺到最激進的收益，書生曾國藩如何用結硬寨、打呆仗的方式征服太平天國，探險家柯林斯如何通過日行二十英里第一個到達極點，這些都是沉得住氣、慢得下來的人。他們之所以能慢得下來，不是因為比別人有毅力，而是因為想得清楚。

時代越快，你越要慢下來，用一種戰略眼光看清楚再動。

第二個很重要的東西，我們一定要閱讀。

我對中國人讀書這件事情無比失望，我反覆講猶太人人均每年讀六十五本書，我們中國人唯讀五本書，後來我發現，連這個五本書的數據統計都是假的，這個數據把中小學教科書、課外輔導材料都統計進去了，平均每一個中小學生有二十本以上的輔導材料和教科書，這意味著成人是不讀書的。有一次我對二千六百個中小學老師講課，讓讀過五本非教科書類書籍的人舉手，結果只舉起來了二十雙手，中國的中小學老師都不讀書，我們又怎麼希望我們的學生讀書？

今天我到俄羅斯、美國去坐地鐵，地鐵裡的年輕人有一半在讀書，在中國年輕人都拿著手機玩。在這個資訊爆炸、萬物互聯的時代，書本前所未有的便宜和便捷，我每天都在Kindle（亞馬遜電子書閱讀器）上下載新的書，也從網路上閱讀到很多新知。但是我們很多人，依然還是不讀書、少讀書。

除了讀書，你還可以用更多的方式學習，讀書、旅遊、交友、拜訪名師、個人領悟是個人學習的五種路徑。按照古典的話來說，就是要成為「連線學習者」。一個人的學習、思考能力都極其有限，整天盤旋在自己的思想、能力、領悟範圍內，很快會遇到瓶頸。

這個時候，你就要有新的學習方式：我特別鼓勵新東方老師出去旅遊，背著包就走，記錄自己看到、感到的東西；遇到有思想的人，要去請教，他們的一個小引導，也許會讓你的工作生活，進步飛快。遇到有想法、志同道合的朋友，要能在一起喝酒、聊天。

英國教育家、牛津主教約翰・紐曼（John Newman）在一次講演中講到：「當許多聰明、求知欲強、富有同情心且目光敏銳的年輕人聚到一起時，即使沒有人教，他們也能互相學習。他們互相交流，瞭解到新的思想和看法，看到新鮮事物並且掌握獨到的行為判斷力。」

我最近在郵輪上舉辦了一個特有趣的活動，我包下一艘郵輪，讓二千個老師在郵輪這個封閉的地方一起讀書，共同碰撞，他們就在引爆這種「即使沒人教，也能互相學習」的連線學習方式。也正是因為這種力量，新東方才會和一般的教育機構不同，才能源源不絕地產生優秀的年輕人，不僅在財務上獲得成功，更成為中國教育界的重要精神力量。

時代發展越快，我們越要閱讀，用一種與時代連線的方式閱讀。

第三個重要的事情，就是用一種投資的心態來看待人生。

我們常常會有一個錯誤概念，我們花出去的時間、耗費的精力、花費的金錢，就只是花掉了，並沒有回報。但其實我們的時間、精力、注意力等，在某種意義上來說都是一種投資，並不是簡單地花掉。投資行為最核心的特點，就是需要取得回報，並且最好是成倍的回報。

但是在這本書裡，古典提到，實際上每個人都是自己的「人生投資者」，我非常認同這個理念，投資人這個思考角度會讓你對於自己的人生使用得更加淋漓盡致。

因為當我們把一個行為當成投資的時候，我們想的就不是盡可能少花錢，而是盡可能思考花這筆錢是否划算。比如說一百元僅僅用來吃飯，回報就是吃飽，也許和二十元的沒有什麼兩樣。但是如果你用二十元吃飯，剩下的錢去看一場電影、買一本書，甚至還能給自己的愛人買一朵玫瑰，這個投資就是非常合算的。你獲得了感情、知識、能力上的回報。

我們的時間精力也是一樣，表面上看，好像睡一覺就能恢復，沒有什麼成本。其實你的時間過去不會再回來，一天的精力也是有限的，在一個資源豐富的時代，你要更加謹慎地投資你的時間精力。

當然，我並不是說從此以後我們就不要散步、聊天、和朋友吃飯喝酒。朋友交往帶來情感的回報，這是新東方創業的原始股，聊天帶來智慧的回報，散步帶來思考的回報。這是一種長遠的投資模式。

時代發展越快，我們越要用投資的眼光看人生。重要的事情，值得花重要的時間去做，值得做得更好。

看《躍遷》這本書的人，都是希望成為自己領域高手的人，真正的人生高手往往並不是苦哈哈的，而是快樂、從容和恬靜的。所以送給各位希望成為高手的年輕人兩句話：

「有條不紊地奮鬥前行，舒展從容的恬靜人生。」

持續進步是人生必需的，但要用一種舒展從容的態度去做。人生本身應該是安靜的，而非匆忙的。尤其是不能被這個時代牽著鼻子走，要用自己的步伐去丈量這個時代。

推薦序——

你要讀古典《躍遷》的七個理由

「羅輯思維」主講人 **羅振宇**

我認識古典老師十幾年了。他一直在我心中的那張「聰明人」清單上。但是，讀到這本《躍遷》的時候，我還是吃了一驚。原來，「職業發展」這個新領域，已經被他開創得那麼闊大了。

古典扔給我一張考卷。上面只有一道論述題：「做為第一個讀到這本書的人，你能說出一個讀者為什麼要讀它的理由嗎？」

我說：「我能說出七個。」

一、幫你省錢省時間。我有一次問古典，你為啥覺得你幹的這個事業有價值？他說：「人一輩子遇到五、六次人生和職業困惑，也就了不得了吧。我這十年解決了三千多個案子，也就是說，我和我的用戶一起度過了幾百個人生的困境時刻。所謂久病成醫，我再笨也琢磨出了一些門道。」這個邏輯我認。我相信，人類所有的進步，都是因為專業分工。

二、觀察身邊一流的產品、公司和人，都能發現一個特點，他們都有一個非線性的跨越式成長階段。在之前，都有長久的學習和認知積累的過程。有一天當你突然把局看明白了，資源也就馬上為你所用了。這個過程不能跨越，但是可以加速。你要理解精進，更需要理解非線性，也就是本書所謂的「躍遷」。

三、選擇決定命運，認知決定選擇。只有梯子搭對了牆，努力爬才有意義。過去這個領域的書都在說個人該如何努力，這本書把鏡頭拉到了社會的高度，讓你看清牆是什麼，和誰競爭。先在認知上努力，再在行動上努力提高效率。

四、我做「得到」App（應用程式）的思路是：有頭部的內容，才能在這個市場裡活下來。其實不光內容有頭部，做事、做人、上班、創業都有頭部。古典在書裡提到了個「頭部矩陣」，這是個頭部探測器。

五、喜歡答案的人很痛苦，因為他的世界不斷崩塌。喜歡問題的人很歡樂，因為手中的慧劍越來越鋒利。當答案稀缺的時候，誰有答案誰就是菁英。當問題稀缺的時候，誰問題好誰就厲害。這本書有不少好問題。比如談到職業發展，你就應該問自己三個問題：「我現在做的工作，機器能做嗎？」、「我現在做的工作，有可能外包嗎？」、「我現在做的事，會越做越好嗎？」這些問題的答案可能會讓你沮喪，但還是建議你去想。因為被問題拍肩膀，總比被現實抽嘴巴子好。所以說，好問題比答案還重要。

六、很多人以為讀書就約等於學習，其實讀書只是方式之一，「得到」App裡的「年度訂閱專欄」、「小課題」、「每天聽本書」等產品，都是更有效的學習方式。還有一個方法很有效，就是本書裡提到的連線學習。我們的CEO（首席執行官）李天田（脫不花），一年前我剛認識她時覺得她對網路還不太瞭解。但是僅僅合作半年多，她在很多領域已經成了我的老師。她的訣竅就是，什麼事不懂，就去找這個領域最厲害的人聊天。向人學習的速度，遠超向書本學習的速度。連線不僅可以提問，還可以一起寫作、思考，很有用。

七、古典是「得到」App的作者，是所謂「得到系」的知識大神。我選作者的標準是——這個領域裡最好的。

以上。交卷。

推薦序——

鳥類學家想告訴鳥的話

「羅輯思維」影片節目策劃人 **萬維鋼**

古典老師早年是新東方名師，現在專注於個人事業發展的顧問工作。他經歷過高強度競爭的大場面，指導過職場新人和行業高手，影響過很多很多大好青年。他在「得到」的專欄《超級個體》受到讀者的熱烈歡迎。這本《躍遷》，是古典給讀者的最新奉獻。

書中有英雄的成敗經驗，有科學家的嚴格研究，更有古典老師從第一線獲得的洞見。書中思想代表了時代的最新見識。我讀這本書的時候就想，倘若有人不瞭解這些思想，想要跟瞭解這些思想的人競爭，豈不是非常吃虧嗎？

讀書行為帶給人的是不公平的競爭優勢。可能有的人高喊著「努力！奮鬥！」的勵志口號埋頭苦幹，但是根本摸不著現代社會的門道，而這本書告訴你怎樣借助新時代的工具，怎樣外包大腦。可能有的人把高手奉若神明，以為做事都要有「妙招」才行，而這本書告訴你所謂的「妙招」恰恰是落了下乘，系統化的進步靠的是「五一％的效率」。

所幸的是你現在已經把這本書拿到手裡了。可我又擔心你讀不好，所以我想說說個人的一點兒淺見，這本書到底應該怎樣讀。現實是，就算你把這本書倒背如流，也未必能成為真正的高手。

「科學史」和「科學哲學」是兩個非常有意思的領域，有些研究這兩個領域的專家，會忍不住總結一套科學進步的規律，告訴科學家應該怎樣搞科研。可是物理學家費曼出名地反感哲學，他有一句話說，科學史家和科學哲學家之於科學家，就如同鳥類學家之於鳥。

鳥們並沒有接受過鳥類學家的指導，但是鳥都飛得很好。那科學家為什麼要聽科學史家的話呢？

我對費曼這個類比有點兒不以為然。鳥天生就會飛，但科學家可不是天生就會搞科研。我聽過一些科學家的經驗之談，也讀過「科學史家」對科學方法的歸納總結，我只恨自己沒有在更早的時候就知道這些。就連費曼本人，也忍不住在不止一本書裡談到自己的研究方法論，以及對「科學」這個行業的看法，他想讓年輕人知道，而年輕人也的確樂於學習他的經驗。

但是如果你去問費曼或者任何一位某個領域的高手，他們大概不會說，我做為一隻鳥，是因為通讀了鳥類學家的書才飛得這麼好——我飛得好是我自己的事兒。

所以這個問題就是，這書到底應該怎麼讀，這經驗到底應該怎麼用呢？

對此我有三點意見。

第一是「模仿」和「創造」。讀書的錯誤態度是既然別人是這麼做取得成功的，那我就必須也做這些。更錯誤的態度是既然書裡沒說有人那麼做過，所以我就不敢那麼做。

其實你仔細讀書中這些案例，高手的名字之所以跟這些道理聯繫在了一起，是因為這些道理是他們首創的。他們不是被動的模仿者，他們是主動的創造者。只會被動模仿，不能算你學到了——你得主動創造才算是真的學到了。

當然，創造也不一定都是憑空而起，你可以創造性地借鑑。比如書中講到，巴菲特就從棒球手的訓練中學到一個道理，用在了投資領域。那如果你也把這個道理用於投資，就是還沒學到家。你得能用到別的領域才好。

第二是「方法」和「事業」。這是一本講做事業的方法的書。你要幹一個什麼事業，用上這些方法，可以加速進行，甚至事半功倍。成績＝事業×方法。

但這也意味著，如果沒有事業，光知道這些方法也沒用。如果一個人埋頭苦幹事業，另一個人整天鑽研方法，我們無法判斷他們兩個誰更可能取得好成績，也許第一個人更靠譜。你得先有個孩子，才談得上鑽研育兒科學，先有個事業，才談得上學習方法。

這個事業最好是比較大的。如果你只想要生活中的「小確幸」，這本書就只能給你提供談資而已。只有大事業才配得上「戰略」二字。

第三是「全面」和「一點」。我們是不是非得全面瞭解了高手的方方面面，才能出發去成為高手呢？當然不是。你坐在電視機前把各國游泳教學錄影都看一遍也沒用，直接下水游才是最好的辦法。

你根本不需要掌握這本書裡說的所有方法。你真正要做的是一邊實踐演練一邊借鑑方法。也許書中的某一點正好對你有所啟發，然後你在這一點上做到了極致，那你就可能打敗了絕大多數人。

在踐行的過程中，你自己也會有各種體會、各種經驗，那時候你回頭再看這本書，可能會有新的啟發，更可能感到不謀而合。那時的再次相見，豈不是比這時候的切磋，更有意思。

古典訓練過很多鳥，你聽他的沒錯。你讀這本書不是為了也當一個鳥類學家，你想當一隻飛得更好的鳥。

作者序——

高手的三個境界

長久以來，做為一名生涯規劃師，有一個問題一直困擾著我——為什麼人們的努力和回報，常常是不成正比的？

我當然不是說不勞而獲，任何收穫都需要投入，高回報背後的艱辛只是你沒有看到。

但同樣是投入，效率是完全不同的，如果想知道智力、能力和努力程度都相若的兩個人，因為不同的選擇，十年後的人生收益差別為何大，不用看什麼研究報告，回想一下你的大學、中學、小學同學的生活狀態就足夠了。這些當年和你能力相若，起跑線差不多的人，今天離你越遠，彼此差距越大。而且，不見得最成功的人，就最勤奮最努力，而那些活得不如意的人，他們應付生活所付出的努力，也未見得就比你小。

帶來這些巨大差異的，不僅是努力，更是一次次選擇。就像兩塊一模一樣的雪球，從山頂上滾下來，因為輕輕磕了一下一個小石頭，向不同的方向滾去。這樣的小改變疊加起來，雪球落到山底的時候，會相差很遠。人和雪球不一樣，雪球是被動地滾，而人會主動選擇。所以人生的差距比雪球的差距，大到不知道哪裡去了。過去，資源匱乏，出口目標很清晰，人生是一場場戰鬥；而在資源豐富的今天，人生不再是戰爭，而是一次次的投資和選擇。這些選擇背後的差異，就是認知的差距。

看一個簡單的事實：

二〇〇〇年的優秀畢業生去了外企和四大，土鼈畢業生去了四環邊中關村的公司；

二〇〇五年好學生進入了風頭正勁的諾基亞，土鼈畢業生選擇了賣鞋賣襪子的阿里巴巴；

二〇一〇年優秀的畢業生都留學美國，土鼈畢業生都留在了ＢＡＴ（百度、阿里巴巴和騰訊）；

二〇一五年的優秀畢業生都選擇去了ＢＡＴ，誰是那群幸運的土鼈呢？

當年的「土鼈」和「優秀」是成績和能力的比較，但是收益似乎不完全是優秀的函數，如果說當年的「土鼈」們是幸運地選對了道路，那麼你有什麼方式可以重複這種人生的幸運選擇？

我的父母親，是非常勤奮、正派、踏實和專業的老知識分子，他們過了與命運奮鬥的一生：三年困難時期、「文革」、國有體制改革、股災、房價上漲、病痛……即使這樣，帶著那種老一輩人天然的正派和熱情，他們活得頑強又樂觀，是我很愛很尊敬也是生命中最重要的人。

對他們衝擊最大的並不是時代的大事，而是生活中他們沒法理解的不公平——他們沒法理解：為什麼自己一個「無所事事」的朋友通過投資房產，輕鬆賺到了他們成千倍薪水的錢？為什麼今天在他們看起來生活和工作方式「不靠譜」的一些人，會活得那麼不錯？他們「一分耕耘、一分收穫」的價值觀，深深地受到了衝擊。

如果社會不是一分耕耘、一分收穫，那麼今天我們該相信什麼？我，做為一個天天支持別人設計人生、自我實現的人，該如何向自己的父母解釋這個遊戲規則？我今天也有了自己的孩子，如果我不能告訴他努力就有回報，一分耕耘、一分收穫，我該如何對他解釋，要不斷成長和努力？

我還經常看到這樣的年輕人，也許你就是其中一個——他們家庭條件不錯，沒有什麼生活壓力，但是依然非常非常努力，比當年我為了生存還要更加努力。他們挑工作的最大期待就是能學到東西，要不就是做點兒有意思的事，實在不行也要有一群好玩的人，錢倒還是其次。他們迫切希望成為某個領域的高手，因為只有這樣，他們才能看到更大的世界，理解自己的可能性，不辜負自己的好青春。

但他們也會很沮喪地發現，即使嘗試了網上說的各種努力方法，自己似乎好像還沒有成為真正的「菁英」。即使每天進步一％，也沒有像勵志公式上說的那樣一年增長三十七．八倍。年齡越大，他們好像距離自己想要成為的人越遠。他們與那些真正的高手的距離，到底是什麼？

到底是什麼東西決定了努力和回報的關係？

我的另一個身分是新菁英生涯的董事長。十年裡，我帶領著這家公司從零做起，參與市場競爭，琢磨商業遊戲法則，現在成為生涯規劃領域市場占有率最大的機構，算是有了些成績。我從商業前輩那裡學到很多東西，我深深理解，一個公司的估值和競爭力，可以通過很多方式撬動，個人努力只是其中很小一部分。

每當這時，「努力和收益不成正比」的困惑就更加明顯，時常讓我陷入思考。幾年下來，我慢慢開始理解這個困局的真正問題所在。

今天，大部分關於個人成長、生涯發展和人生設計的理論，都源自心理學、教育學。這些學科的視角主要是從個體出發，希望個人通過整合、學習獲得幸福感和成就感，追求一種內在的豐盛。

而很多人期待的提升競爭力、發揮優勢、快速增值等概念，卻來自社會學、經濟學和商業，從這個視角來看，個體在其中只不過是一個「社會原子」，個性化部分不多。更重要的是抓住趨勢、利用規律、達到外在的社會成功。

這兩個角度如此不同，解釋起來答案就不一樣，比如房價問題。心理學告訴你「房子並不代表安全感」，社會學和經濟學的角度是「如何利用槓桿和趨勢投資房產」。

這兩個角度都有自己的好處，但是如果你通過個人的角度希望達到社會的成功，這中間就缺一塊拼圖，你不得不承認：

發揮天賦、追隨熱情，你一定會很幸福，但未必能改變世界；刻意練習一萬小時，你會進入心流，持續突破，但未必能成為公認的高手；全心全意打磨一件事情，你會獲得寧靜，但未必能創造價值。

而這個時代真正的高手，幾乎都有一個特點——他們既懂得如何驅動自己持續地努力和積累，也懂得借助社會和科技趨勢放大自己努力的收益。所有這些取得重大成就的人，最明顯的共同特點，就是階段性的非線性成長、躍遷式的上升。每隔幾年，他們突然上一個台階，眼界、想法、能力、調用的資源和身價都完全不同。這就是利用規律放大個人努力的結果。

我研究過《富比士》全球富豪排行榜上的華人富豪的生涯案例，他們有三個共同點：首先，他們足夠努力、勤奮；其次，他們在二十六~三十五歲開始創業，這個時間段，正好是社會積累足夠、家庭負擔又還不太重的時期；最重要的，他們在創業兩年左右後，都遇到了一個空前的時代上升趨勢，香港首富是抓住了金融和地產行業的趨勢，台灣首富是抓住了電機和塑膠行業的趨勢，內地的首富則是順應了網路大潮。後面這兩項因素，是他們放大自己努力和天賦的關鍵。

就和游泳一樣——會游的人很省勁，不會游的人即使身體強健，也游得很累。這就是對於水的理解不同，「水性」的不同。

時代也是有水性的——有些人深刻理解時代的水性，能順著大潮去很遠的地方；有些人則不理解社會和時代的水性，搞不好還會淹死自己。時代高手的非線性成長、躍遷式上升，就是恰當地運用規律放大努力的結果。而大部分人也許懂個人成長、心理發展，或者熟諳社會和商務邏輯，但恰恰缺少了結合這兩部分的一環。

我寫過《拆掉思維裡的牆》和《你的生命有什麼可能》，銷量過百萬，很多人因此受益。這本書從心理學視角，解開了很多錯誤心智模式的心結，讓人不被自己禁錮，活出真正自我。而《躍遷》這本書，則希望拼完這塊拼圖——從社會的角度解釋個人的成就和成功。

拆牆不夠了——這次我們要拆天花板。

那麼，從哪裡獲得這些知識呢？

顯然不是學校。今天我們的教育開始強調個性化，要幸福教育，這是一種進步，我們好歹從工業化的生產式教育走向了從心理學角度看待教育。但真的接觸美國的菁英教育後，你會發現他們不僅教這些，更重要的是教給孩子如何判斷趨勢、如何結交朋友、如何作出正確的選擇——美國菁英階層的家長手把手、口對口地教授孩子這些知識，很早帶他們進入各種社交場合，認識最優秀的人，本質上，就在教他們如何更加輕巧地利用規律的技術。

我在當GRE老師的時候，曾經教過收費很高的一對一英語私教班，學生家長一般分成兩種：一種是真的很有錢，不在乎錢的家長；有一些則是收入中等，希望孩子有出息，一咬牙花大價錢的家長。對於前者，我傾盡全力讓自己對得起這個價格；對於後者，我則更加苦口婆心，小心謹慎，偶爾還開個小灶，我知道這些錢對這個家庭意味著什麼。

每次，我都會跟接孩子的家長聊聊孩子的學習進度。我會說「你們家孩子詞彙量還不夠，要把這六千詞彙盡快背完，然後閱讀分才會好。」這個時候，我經常收到兩種回答。那些中產階層家庭的家長會說：「聽到沒有！要聽古典老師的話！回去好好背，好不好？」孩子溫順地點頭。而有些真正聰明的家長則會笑著說：「古典老師，我們家孩子就是不愛背單詞，但是他喜歡閱讀。我們進度不需要那麼趕，你能不能陪他多讀點兒有趣的英文書？」後面這種回答，震撼了我。

家長在答，而孩子在學——兩種不同的回答背後，是兩種完全不同的世界觀——前者是「按照要求完成任務」，後者是「我可以要求世界以符合我的方式教學」。我相信前一種孩子會成為最優秀的員工，但是後一種孩子，未來則有可能成為真正的領導者，創造一些世上完全沒有想到的東西——即使你有足夠多的錢，你依然還是買不回來對於世界的真正認知。過去也許是寒門出貴子，今天則是貴門出貴子——這個貴不是富貴的貴，而是高貴的貴。真正優秀的心智，一定會培養出足夠優秀的人。否則即使身處最好學府，你依然學不到那些讓你與眾不同的東西。

家庭教育當然是一種路徑，另一種路徑則是理性的科學分析和自身感悟：通過觀察社會真實一線高手的案例，加上科學的規律分析，個人也能找到這些高手背後的邏輯和思路。這本書的思維方式更是這樣：以最近五年來學習的底層數學、進化論、系統科學的框架，配合身邊高手的案例分析、結合生活的場景，把高手的心智和技術展現給你。

這也給了這個時代年輕人一條真正的公平競爭之路——即使你的階層和起點不夠好，只要你具有能在網路中識別高級心智的能力，這個世界的可能性依然為你敞開。聰明地勤奮，合理地利用趨勢，是這個時代科學地改變命運的技術。

《躍遷》就是我對於開頭的那個困惑的回答——希望那些「土鼈」朋友們，和我父母一樣誠實正直又努力的人，那些非常勤奮的年輕人，可以看完這本書，少走彎路，不再關門集氣，理解規律，引入資源，完成自己的跨越式成長，成為真正的高手。從同一認知起跑線開始，這才是真正的公平。

這本書想要講的主題是：如何利用規律和趨勢，放大個人努力。

第一章，我們談到了網路、人工智慧對於學習方式、思考方式和競爭力的改變，以及人類是如何通過「外包大腦」完成一次次的進化。在未來的時代，我們該抓住什麼趨勢，又應該規避什麼風險？

第二章，談到的是如何作好選擇，培養競爭力的高手戰略。現代社會是一個機會變多，但是（成功）機率變小的社會，在這個時代，該如何識別自己的機會？我們從一個統計學的底層邏輯——冪律法則入手，分析了為什麼頭部會有重大的收益，該如何識別自己身邊的機會，以及有了機會以後，高手們是如何守住機會，保持不敗的。

第三章，解決的是關於學習的焦慮。這是一個知識爆炸，終身學習也學不過來的時代。這個時代該如何挑選適合自己的學習內容？如何比自學更快地獲得知識？如何連線更多大腦一起思考問題？如何保持自己的學習動力？如何讓知識變成價值？我們會向最優秀的學習者和思考高手學習技術。

第四章，談及的是如何看懂和理解世界的技術，也就是經常說的高手「破局」的能力。裡面會引入一個重要的底層學科「複雜系統」，並且延伸出兩個方向——如何成為一個看得更遠和看得更透的思考高手？你會理解社會系統裡最重要的兩個思考工具——迴路和層次，讓解決問題的能力上升一個台階。這章應該是認知難度最大的一章，但是絕對值得，因為前面幾章的思考都來自這一章的技術。

第五章，最後一部分，我們談到了高手的內在修煉。僅僅有外在技巧是不夠的，所有高手的技巧都是逆人性的，所以高手需要大量的內在修煉。這一章詳細談及了現代社會高手的七個心智關鍵字：開放、專注、遲鈍、有趣、簡單、善良、可激怒。希望你成為這樣的一個人。

我自己在前頭說了這麼多，讓這本書的思考顯得有點兒不成熟而青澀。不過LinkedIn（領英）創始人里德．霍夫曼的話給我壯了膽：「如果你不為你發布的東西感到一點點尷尬，那就說明你太晚了。」

我也決定早點兒讓讀者受益：用一種適合這個時代的方式來發行這本書。先發布最小可交付的產品，再持續地反覆運算。我在書後整理了「躍遷書單」，方便你做更深的延展閱讀；我在書裡放置了一些可探討的話題，方便大家進一步參與討論；未來還準備做躍遷書友會，匯聚一群時代躍遷者。這本書會一直自下而上地生長，持續反覆運算下去。

電影《一代宗師》裡，把高手之路分成了三個階段：見自己、見世界和見眾生。

第一個階段是「見自己」：你得理解自己的優勢和局限，知道自己想要什麼，受不了什麼，持續地走出舒適區，擴大自己的能力。

第二個階段是「見世界」：帶著這些對自己的理解上路，你會碰得頭破血流，你開始理解時代的趨勢、社會的規則，看到各種人生的可能。

這部分就是這本書主要談到的話題。看到趨勢、理解規律、升級心智、自我躍遷——不僅要有高手的認知，還要有成為高手的技術。

但高手之後還有第三階段，就是「見眾生」：高手當久了，勝勝負負，你終於理解，要把自己學到的、理解的、堅持的傳播出去，幫助更多人，這樣才能從高手變為一代宗師。

彼得・杜拉克的父親曾帶他去見經濟學家熊彼特，他父親問這位經濟學大師：「你現在還會想別人要怎麼記得你嗎？」「當然，這個問題對我很重要，現在我希望以後的人記得我是經濟學老師，一位很會教學生的老師。」

杜拉克的父親對這個答案很吃驚，熊彼特繼續說：「到我這個年紀，才慢慢體會到，只被人記得你的理論著作，是遠遠不夠的，除非其他人的生活因為你的行動而有所不同，這樣才算是有作為。」

小說《車輪下》裡寫道：「面對呼嘯而至的時代車輪，我們必須加速奔跑。有時會力不從心，有時會浮躁焦慮，但必須適應。它可以輕易地將每一個落伍的個體遠遠拋下，碾作塵土，且不償命。」

相信有那麼一天，如果你已經修煉成為一代高手，希望你把這些東西傳播出去，文字的、聲音的、線上的、線下的……連線更多的聰明人，一起玩好這個輪子；推一把新人，讓他們跑得更快，越過你飛奔而去；拉一把活在車輪下的人，讓他們看到希望，過得更好些。

希望有一天，你也能這樣定義自己的成功：讓其他人的生活因為你的行動有所不同，才算是有所作為。

這更是一種躍遷。

不得不說的感謝：

這本書上市前夕，收到很多老師朋友寫的序言、推薦和支持，編輯看著書封樂，你這是要集齊個人成長領域的所有龍珠啊。我感到了巨大的善意——兄弟們的感謝話就不說了，留著喝酒——我一定要留出點兒篇幅，感謝一些沒有他們，我就無法完成書的寫作的人。

要感恩我的爸爸媽媽和太太培根，還有兩個女兒彎彎和滿滿，他們對我支持最大，卻要求最少，只是鼓勵我去做這些自己熱愛的事，是我心靈的歸宿。

要感謝策劃人燕恬，以及在寫作中幫助我策劃、收集資料、激發思路的夥伴，于淼、侯定坤、劉晶榮、叢挺、熊斌、姚琦、王方……和新菁英團隊給我的巨大的空間。

還要感謝中信的編輯趙輝和張豔霞，我們為了封面和書名吵了好幾個通宵，最後又像接生孩子一樣並肩等待這本書的出現。

最後很開心遇見你——不知道是什麼緣分讓你拿起這本書。閱讀是一種思想的對談。在這個時代，能花點兒時間一起安靜坐著聊天的人，已經不多。很開心能和你在一起，快樂地聊下去。

目錄

1

高手的暗箱

利用規律，放大努力

走在時代前面的明白人 036
拉斐爾也用投影儀 045
個體的跨越式成長 050
掌握時代魔法，或者溺水身亡 056
外包大腦，成為超人 062

2

高手戰略

在高價值區，做正確的事

只打甜蜜區裡的球 073
新東方名師的崛起路徑 080
冪律分布：發現身邊的高價值區 091
頭部效應：站位比努力更重要 104

用頭部效應就業、擇城、選創業賽道　122
專注：高手的護城河　128
反覆運算：聰明人的笨功夫　132

3

連線學習

找到知識源頭，提升認知效率

功利學習法：學得更好，卻學得更少　142
連線學習者：成為知識的路由器　167
終身提問者：問題比答案更有效　185
知識IPO：把知識變現成價值　206
自下而上：構建自己的知識體系　217

4

破局思維

升維思考，解決複雜問題

人生就是一次次的破局　222
升維：解決那些無解的問題　227

系統：新手看樹木，高手看森林 236
迴路：設計人生的增長引擎 247
層級：看問題很透徹的技術 257
控制點：讓複雜的事盡在掌控 272
一個故事：「天哪，她有個大牙縫！」 286

5

內在修煉

躍遷者的心法

活在連接時代的內在修煉 294
看世界：開放而專注 296
看自己：遲鈍而有趣 310
看人際：簡單善良可激怒 328
極致的聰明和善良 334

附錄1／如何使用這本書？ 341
附錄2／躍遷書單 345

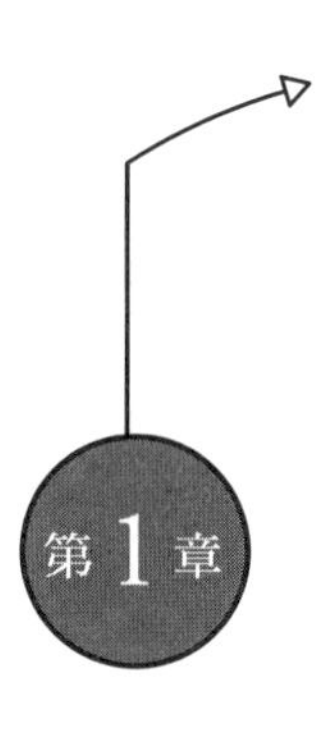

高手的暗箱

利用規律，放大努力

獲得百倍收益的關鍵，並不是百倍努力。
每個時代的高手都在利用社會和科技的底層邏輯撬動自己，實現跨越式的成長。

走在時代前面的明白人

在我高中時，化學老師出了一道小測驗——一個空了很多格的元素週期表，要我們填空。

大部分人都填了一些，不記得的也矇了幾個。我實在記得不多，索性完全空著，還寫上：「全部元素在化學課本最後一頁可以找到。」

第二天批改試卷，老師瘋了。

但老師是對的嗎？

老師是對的。考試的時候可不能翻化學書，還寫刺激判卷老師的話，我用這種驢脾氣來高考，肯定沒好果子吃，對大部分人來說，大學教育相對而言依然是成功的捷徑。

但我不知道，我無意中掌握了一種資訊時代的必需技能——**知道知識在哪兒**，**比知道知識是什麼更重要**。在書本稀缺的年代，把知識放到腦子裡是非常重要的，但是在一個知識在網上很容易獲得的年代，我的做法也許更加正確。

認知方式的改變：調用知識而非記憶知識

今天知識有多容易獲得？舉個例子，我住在清華大學附近，從我家到最近的書店步行大概要三十分鐘，而我從褲兜裡掏出手機查閱同一本書，大概只用五秒鐘。五秒和三十分鐘的區別，就是這二十年來資訊調取速度的差距——三百六十倍。

這樣快的調取速度，使我非要記住某個知識點的必要性大大降低——我只需要記關鍵字，而不是具體內容，這樣能讓我的記憶量變大很多。但與此同時，我的大腦的另一個部件「工作記憶體」，也代表著我的理解能力，卻在這二十年裡沒有什麼改變。這讓我用一種新的方式學習和記憶。

過去出門，我會花半個小時記下我的航班、航站樓、目的地酒店、坐什麼車、當地有什麼好玩的等資訊；今天，我會花幾分鐘找到一個能提供這些資訊的好用的App。過去聽完演講，我會記錄下演講所有精采要點，今天我會發郵件索要PPT（幻燈片），然後打上標籤丟入我的知識管理庫，需要的時候調取出來。

我的認知方式逐漸轉換成調用知識，而不再是記憶知識。

學習的目標是調用資訊、解決問題，這是一個「存儲—整合—提取—運用」的四步法。和中學時候的我相比，今天我的大腦聯網著一個一萬倍記憶量的雲端硬碟、享受著三百六十倍速的網速，但還靠同一個記憶體條和CPU（中央處理器）工作。

如果今天還把注意力花在如何讀一百本書，並且嘗試把它們記住上，就好比一個人非要背下整本電話簿才開始撥電話。智慧不等於資訊，記憶應交給電腦。未來世界的認知能力，是找到資訊的**搜索能力**、運用資訊的**思考能力**以及從大量資訊裡抓取趨勢的**洞察能力**。

這種變化對於你來說，也許是漸進的。但是提高到人類歷史的角度——我們「記住知識」的方式持續了兩千多年，而就是在近二十年內，新的認知方式突然成為主流，這種變化是不連續的、跳躍式的，就像電子從一個能量級吸收能量，突然跳到更高的能量級。

這種突變式的進化，我們就稱為「躍遷」。

思考方式的改變：從獨自思考到連線的獨立思考者

對資訊的不同處理方式，也會反過來影響思考方式。當我想到一個點子，我不會馬上繼續獨自思考下去，而是會上網找找有沒有其他人也激發過類似的思考，或者直接打電話給一個專業人士聊聊業內最新動態。

你也許會想，這太可怕了。一個人想到點兒東西，然後就馬上聯網搜索、與人溝通，好像自己沒大腦一樣——你說這是不是變蠢了？

我開始也這麼想，一直到我意識到，其實我過去寫書、寫專欄、講課也並不是完全獨自完成的。我寫出來書，發給編輯和朋友，大家丟給我他們的觀點以及最新看到的資訊，然後我再改。和今天的方式一樣，只不過現在反覆運算更快、範圍更大，以前從出書到收到回饋要半年，現在昨天發表的專欄今天就有回應。但是本質並沒變，寫作就是一種和讀者的對話。

那我到底有沒有變蠢呢？

有必要區分下「獨自思考」和「獨立思考」。我們可以調用全世界的知識和觀點，但是依然需要獨立面對兩個問題：其一，進入場景，面對當下資源、當下情景你如何解決當下問題？其二，回到內心，你為什麼要解決這個問題？你要調用多大的資源？你準備通過解決這個問題創造怎樣的生活？這些都需要你獨立思考。

你可以連線打遊戲，看人家的攻略通關，但還是需要獨立地玩這一關，達成你自己玩遊戲的期待。就像跨國企業都在做的glocal（global-local）——「全球本土化」戰略，有全球視野，但是保存當地特色。

如果你有**獨立思考能力**，連線思考會讓思想品質變得更高，反覆運算更快。這個時代，每個人都需要學會如何成為一個**「連線的獨立思考者」**。

核心競爭力的改變：人機合一

任何一條行業鏈，一旦某個鏈條有能大幅提高效率的新技術，這個領域的核心

競爭力就會變化。

數位攝影剛出來的時候，遇到了當時主流膠片派的一致反對——「沒有質感」、「顆粒度太大」、「噪點太多」。我手頭有一個二〇〇二年出廠的三十萬圖元的數位相機，剛起步的數位相機攝影效果也的確不盡如人意。

膠片派反對數位攝影更加深層的理由其實是，**這個玩法簡直是作弊！**膠片派多年摸索學習的暗房技術、沖印拼接技術變得一點兒用都沒有。如果有點兒靈性和審美能力的年輕人，拿個手機再來點兒濾鏡，效果並不比一般的攝影愛好者差。我認識的一位元報社攝影記者曾特別驕傲地告訴我，他能用一秒鐘憑藉手感不看鏡頭直接對焦，拍清楚一隻鳥。今天自動對焦的相機，很多都能做到這一點。數位技術的滲入使攝影界的核心競爭力從技術走向了觀察和審美能力。

這種「高科技作弊」的情況出現在每個領域，隨著移動網路、ＡＩ（人工智慧）、ＶＲ（虛擬實境）等技術入場，一些你非常熟悉的行業，會面臨完全想不到的規則改變，競爭力會截然不同。

比如說我熟悉的教育培訓領域。一個培訓師的鏈條是這麼回事兒：研發內容—設計課程—現場演繹，有點兒類似電影的「編劇—導演—演員」。近二十年來，這個行業經歷了三個階段的改變。

線下教育時代

十年前，一名培訓師的核心技能是「現場演繹」。當時社會發展相對緩慢，知識也稀缺，同一套知識能用好幾年。因為全都是線下，一個班講完的東西，可以在另一個班重複講一次，完全不需要調整。在這樣的世界裡，持續研發和改進課程似乎沒有什麼必要。一個老師三年講同一門課，只要表達得足夠好，絕對口碑爆棚。

一位婦女激動地拉著某老師的手說：「老師你講得真好，和當年一模一樣，你知道我有多感動嗎？十年前我就是聽了這個講座改變自己命運的。」線下教育時代有點兒像話劇時代——老師是好的話劇演員，演一百場《茶館》，那是大師。

線上教育時代

當線上教育發展起來，競爭格局完全改變了。

首先，知識更新很快，三年前的新知今天大半已過時，教研和研發變得很重要；其次，課堂變得無限大。我在「得到」App上的專欄《超級個體》有五萬多訂閱用戶，應該是有史以來使用者規模最大的收費個人成長課。在我寫這本書的兩個月裡，訂閱人數增加了兩萬，但是我幾乎沒有增加精力投入。當然這也帶來副作用，你的內容被永遠留存下來，下次講必須是新的內容。

這就進入了培訓界的電影時代——培訓師的核心技能從表演轉化到了研發能

力。現在活躍在各個領域的頂尖老師，都是該領域的一線實戰高手或者專業研究者，不再是「專業」培訓師。

無邊界時代

「表演系」的培訓師們還沒有遇到真正的無邊界競爭（boundless career）——未來幾年，教育培訓、出版、傳媒、影視的邊界會開始慢慢模糊。一個網路內容產品，到底是不是培訓？很多ＶＲ產品的教學功能已經比培訓好，到底是不是培訓？Keep（一款移動健身App）到底算不算私教？未來的培訓市場，面臨ＩＴ（資訊技術）、ＶＲ、App、內容、直播等領域的跨界融合。

教育永存，老師也無可替代，但未來的老師一定是一群「人機合一」的新教師——用大數據理解知識盲點，用連線專家完成教研，他們是掌握了最新呈現方式的各領域專家。

一九九七年，國際象棋大師卡斯帕羅夫跟電腦「深藍」對弈，「深藍」最終以兩勝一負三平的成績獲勝。當時人類世界一片譁然。在二十年以後的二〇一七年，谷歌的AlphaGo（阿爾法圍棋）跟圍棋等級分世界排名第一的柯潔下棋，也贏了。但這次我們的媒體論調變得比較輕鬆，而且還滿樂觀的。

為什麼相隔二十年，人類社會對於這個事情的態度會有這麼大變化呢？因為我們這一代人已經逐漸接受一個事實，那就是機器真的已經在很多領域比人強了。

《全新思維》的作者、美國未來學家丹尼爾·平克提到：世界已經從過去的高理性時代，進入一個高感性和高概念的時代，當AI能處理大部分左腦工作，唯有感性和創新能讓你獲得「人」的優勢。有六種能力極其重要：設計感，故事感，交響能力，共情能力，娛樂感，探尋意義。

在一個人工智慧盛行、行業無邊界的時代，什麼是未來的職業通用競爭力？**一個人能夠用機器學習和處理資訊，用大腦整合和創新思想，用系統思維思考問題，會是未來最有競爭力的。**

今天每個人都需要面對未來，問自己三個問題：

我今天做的事，機器能做嗎？

我今天做的事，會被外包嗎？

我今天做的事，明天會做得更好嗎？

科技、社會、文化的躍遷，必然會帶來認知、思考、競爭力和人生觀的劇變。這種變化每個時代都在發生，近二百年尤甚，未來只會更快。

遠的有馬車夫因汽車被淘汰；近的有打字員因電腦被淘汰，傳呼機被手機淘汰；更近的有報紙被公眾號淘汰，膠片技術被數位攝影淘汰；身邊的有人工智慧擊敗人類圍棋手，大數據讓高盛金融分析師失業……

我用二十四個字形容這個時代的特質：

資訊變多、思考變淺，
機會變多、競爭跨界，
隨時干擾、永遠線上。

這是一個與過去十年玩法完全不同的時代——如果我們還頂著從非洲大草原進化來的大腦，裝著工業化時代的思維，操持著過去在學校裡學到的技能，也許還能蹦躂幾年，但長遠來看注定被淘汰。

一八二五年火車剛剛試車成功的時候，這個又笨又大的鐵傢伙遭到的冷眼絕對比讚揚多。每次火車開出的時候，總有很多農場主駕著馬車和火車賽跑，每每都能把火車比下去。比完後馬車主在酒吧舉杯相慶，一起調侃火車。

近二百年過去了，再也沒有比火車快的馬車，因為火車的內在結構更合理、更開放，也更加能反覆運算。任何偉大而卓越的事情剛開始的時候，總是喝采少而冷嘲多，為大部分人所不解。

同樣，走在時代前面的明白人，永遠是小部分。他們理解世界的趨勢，瞭解科技的力量，有更加成熟的心智模式、更開放的心態和更快的反覆運算速度，即使短期笨拙，長週期也一定比你跑得快——可怕的不是優秀的人比你更努力，可怕的是優秀的人方法論比你正確太多。

這些人就是時代的高手。

拉斐爾也用投影儀

大衛．霍克尼是當代最有影響力的英國畫家，國際畫壇的大師之一，他還是一名藝術評論家和攝影師。

一九九九年，倫敦英國國家美術館舉辦了安格爾的作品展。當時的霍克尼也是業內大師了，但他在看畫展的時候依然被震撼到了。他發現安格爾能在一個很小的畫幅中用素描抓住特別細微的特徵，這些線條非常精準、連貫，簡直就像生長出來的一樣。

更加讓人震撼的是，這批肖像畫是一天之內畫出來的，而且安格爾和這些模特素不相識。

畫過素描就知道，畫認識的人比畫不認識的人要容易很多，因為熟人你潛意識中已經完成從立體到平面化的過程了。所以，對於安格爾如何在一天之內於如此之小的畫幅上畫出這麼多素不相識的模特，霍克尼備感困惑。

「要達到這種程度，他是怎麼畫出來的？」霍克尼喃喃自語，「簡直像是拍出來的照片。」

霍克尼恨不得要下跪，相比之下，他自己這雙手簡直就是木頭做的。

這種自然主義的驚世天才有那麼一個兩個也就算了，但是從文藝復興到十八世紀，那個時代的天才畫家，全部都是這個水準。杜勒、拉斐爾、卡拉瓦喬……驚人的技藝讓人絕望。

難道現代人比幾百年前的人差那麼多？

藝術、商業、科學、文化……我估計任何一個領域的人，都遇到過類似情況——你遇到業內某個頂級高手的作品或產品，那一瞬間，你突然意識到，以你現在的進步速度，根本就不可能企及這些人的高度，你開始懷疑自己的腦子簡直是豆腐腦兒。

要多努力，才能看起來毫不費力？

要用多少汗水，才能灌溉出這樣的精進？

不過本書不準備繼續在「努力」這條路上給你「打雞血」。這個故事也馬上要急轉直下。

霍克尼在一次朋友聚會上，偶然得知十六世紀的畫家已經知道有暗箱——就是中國所謂的「小孔成像」——這個玩意兒的存在，達文西的手稿也提到了凹凸鏡，而且畫家和磨鏡片的工匠屬於同一個公會……他在想，有沒有可能，哪怕一點兒可能，這些大師是用暗箱投在紙面上，勾出素描稿，然後上色的呢？

這樣一來，畫畫變得簡單多了，那些反覆被強調的素描基本功變得不那麼重要，關鍵是上色和塗抹——類似你今天畫《秘密花園》。

先不說大師，如果今天你去畫大油畫，別人也會要你給他一張照片，用投影儀投射在畫布上，勾出素描稿，然後上色就完了。要注意啊，不都是手工，別被騙了。

霍克尼腦子裡有這個想法以後，心裡非常害怕——要知道，假如這個推論是對的，對於歷代大師的技藝，還有相伴的各種畫雞蛋的雞血故事和美術學院學生篤信的「熟能生巧」，是多麼大的打擊。巨大的顛覆需要海量的證據，他整理了五百年來幾乎所有的畫作，查閱了許多數據，在二〇〇六年出版了自己研究的結果——一本三三一頁的書《隱秘的知識》（Secret Knowledge）。

這本書裡有清晰的證據顯示，十六世紀以來，幾乎所有的畫家都知道暗箱的存在，而有相當一部分畫家，在使用暗箱。他確定達文西在暗箱裡看過蒙娜麗莎，但他這種天才也許沒有描手稿，估計是看完自己手繪出來的；米開朗基羅是技術狂，肯定不屑於用這種技術，但是拉斐爾，文藝復興三傑之一，肯定用了暗箱技術。這本書引起了世界級的震動，有興趣可以去看看。

回到講這個故事的初衷，我想指出的是：

如果拉斐爾在用投影儀，今天各領域的高手是否也有自己的「暗箱」？

我們並不否認高手們的努力。但他們的成就高度，沒法僅靠努力達成。他們站在巨人肩膀之上，光芒萬丈，以至於我們過去太關注他們，看不到巨人。真正拉開他們和普通人距離的，在於他們有意無意地作出的正確的選擇，以及選擇背後隱藏的規律的偉大的力量。這些社會和科技的底層邏輯像槓桿一樣，放大了他們的努力，讓他們實現了跨越式成長。長江商學院的校訓是「取勢、明道、優術」，個人方法論被放到了第三位，更重要的是把握趨勢（取勢）、理解系統運行之道（明道）。

電影《星際迷航》這樣描述星際航行原理：飛船加速飛離地球後，就不再依靠自身的燃料，而是依靠星球間的引力在飛行，利用星系間的「引力彈弓」，把自己發射到一個又一個新方向。這種情況下，自身燃料只用來調整自己的角度，這樣飛得最快、最遠，也最省力。在某些時刻，甚至可以利用「蟲洞」來穿越空間。

個人發展是一樣的，個人的命運並不是一條孤獨的航線，而是與整個社會的每一個人纏繞在一起。一開始你應該通過努力和精進達到「逃逸速度」，然後應該切換思維方式，利用平台和系統的力道，撬動自己去更遠更好的地方。

沒有一個人是僅憑努力、天賦、機遇而獲得巨大成功的，躍遷式的成功都是利用了更底層規律，激發了個體的跨越式成長。

今天各領域的高手們，站在了哪些看不見的巨人之上？他們在商業、科學等專業領域的能力除了來自天賦、努力或運氣，還有哪些暗箱？他們在應用哪些隱藏的規律讓自己遠遠超前？

本書就想講這些道理。在今天的時代，基於個體的精進太慢，只有借勢躍遷，才能趕上這個時代的速度。

至於這些規律為什麼沒有人分享，是他們太忙無暇顧及？還是他們反覆說過但大家就是聽不懂？還是他們就蒙著試卷不肯讓大家偷看？這個不得而知。但是這本書的努力就是讓這些規律展現，讓巨人露出肩膀，讓每個普通人都能帶著自己的暗箱，站上去。

通過法則，實現躍遷。

個體的跨越式成長

躍遷是一種跨越式成長

「躍遷」（transition）這個詞乍聽可能很生僻，其實我們天天都能接觸到躍遷。躍遷是一種跨越式成長，一種能量激發下的突變。

比如說燒水。水在攝氏零度到攝氏九九度之間，都只是溫度升高，在攝氏一百突變成氣態，這種突變物理上叫作相變，英文就是「phase transition」，即形態躍遷。

量子物理中，電子只能有幾個固定的量級，吸收能量以後，會突然從一個量級跳躍到更高的量級，不存在中間狀態。這個過程也可以反過來，從高能級往回跳躍，釋放出光子。這個過程，就叫作量子躍遷。

我們的生命也是躍遷而來——無機物聚合突變成為有機物，有機物突變成細胞，單細胞突變成多細胞，多細胞到複雜生物，到爬行動物、哺乳動物，一直到人類。人類通過文化、經濟、社會進一步聚合，形成了今天的社會。這條鏈條一頭是分子，另一頭是人類社會，其中鏈條的大部分是漸進式進化，而幾個最重要的環節，都在躍遷。這種理論叫作「元系統躍遷」（metasystem transition）。

所有躍遷都有類似的模式：**受到激發的突變，沒有中間狀態。**

人類對於世界的認識，也是躍遷式的。

最好的例子莫過於一九〇五年的愛因斯坦的故事。那年他還是一名二十六歲的沒沒無聞的瑞士專利局小職員，他業餘時間一直在思考光與時間的關係。在那年三～九月份這半年裡，他連續發表了六篇論文。

三月十八日，《關於光的產生與轉化的一個啟發性觀點》：
討論了光量子以及光電效應，啟發了量子力學；
四月三十日，《分子大小的新測定方法》：
確定了原子的存在，推導出計算擴散速度的數學公式；
五月十一日，《熱的分子運動論所要求的靜液體中懸浮粒子的運動》：
提供了原子確實存在的證明；
六月三十日，《論運動物體的電動力學》：
提出時空關係新理論，被稱為狹義相對論；
九月二十九日，《物體的慣性同它所含的能量有關嗎》：
推出著名科學方程$E=mc^2$；
十二月十九日，《關於布朗運動的理論》。

只需要你有高中物理水準，就能感覺到這六篇文章的霸氣側漏。費曼點評說，那一年的愛因斯坦至少應該得三個諾貝爾獎。其實諾獎都不足以定義愛因斯坦，接下來整個二十世紀的物理學大樓，都蓋在了量子力學和相對論的基礎之上，在六個月之內，愛因斯坦搞出來兩個奠基工程。一九〇五年也因此被稱為「愛因斯坦的奇蹟年」。

不過這並不是歷史上第一個奇蹟年，上一個是一六六六年。那一年，牛頓在鄉下老家躲瘟疫，在寧靜又無聊的鄉村日子裡，信手發明了微積分，完成了太陽光的分解實驗，發現了萬有引力定律。

如何實現自我躍遷？

如果把個人通過刻意練習、自我反覆運算而帶來的漸進式進步叫作自我迭代，那麼利用科技、社會系統的能量，快速跳躍式升級，則是**自我躍遷**。

留心觀察，你會發現個人成長也是一個「漸進——躍遷」的過程。

持續的學習、閱讀中，突然有一天一個概念擊中你，你打開了一個全新的視野，過去困擾你的一切突然清清楚楚，頓悟，這叫作**認知躍遷**。

於是你按照新領悟的方法持續地積累、練習、見人、蓄勢，卻長久沒有什麼變化。有時候，你都快要放棄了，但是突然有一天你發現自己的能力和水準上升了一個台階，這就是第二個階段——**能力躍遷**。

我曾經有段時間每天聽英語新聞廣播，連續三個月好像並沒有什麼長進。那個時候我也很迷吉他，正準備放棄英語去全力學吉他。我的吉他老師反而回頭勸我：「先別放棄，再等等。音樂裡這個階段叫作『薰耳朵』，你要不斷地聽好東西，然後聽著聽著你都以為自己忘記這件事了。有一天，你就成了。」一天早上，我突然發現自己一邊騎單車，一邊不經意地聽懂了所有的英語內容，而且一點兒都沒反應成中文。

從能力躍遷到能級躍遷，則是一個價值從內向外的過程。你的內在價值提高，但是外界還需要時間體驗。但是這個階段是爆炸式的……在一個長時間的積累和爬坡之後，你正確地作出了幾個選擇、換了幾個平台，身價、能力和水準會突然上一個層次，看問題、做事情有完全不同的力道。這就是**能級躍遷**。反過來說，在組織裡，有很多人只是隨著年齡和資歷上升到了一定位置，他們的眼界、格局都沒有太多的變化，他們並沒有躍遷過。

躍遷的底層邏輯在哪裡？《科學革命的結構》裡提到一個概念，叫作範式（paradigm）。重大的商業和技術突破，往往不是技術突破，而是對於技術的應用和認知方式帶來的範式的突破。飛機的發明就是個好例子。

人類一直在嘗試發明飛機，他們觀察了鳥的飛行，於是認為飛機的機翼應該像鳥的翅膀一樣拍動。但是不管怎麼努力，都做不出來。但是萊特兄弟換了一種範式——他們思考，飛機的機翼有沒有可能不像鳥的翅膀，而是像船帆呢？

這個想法一旦清晰，飛機的原理就呼之欲出，接下來只是如何沿著正確思路改良的過程了。萊特兄弟在一九〇三年領先比他們學歷、財力都高很多的競爭對手，在自行車修理鋪造出人類第一架飛機。飛機的發明不是科技的突破，而是認知範式的躍遷。

同樣道理，Uber、Airbnb的出現並不是因為科技的改變，而是由於我們逐漸意識到，我們可以享有一樣東西而不去占有它，這是一個認知的躍遷。

自我躍遷，不僅僅是能力的改變，更是認知和發展「範式」的改變。**心智模式或者說範式的轉變，對內提升潛能，對外發現可能，這就是一個人認知躍遷的關鍵。**

需要強調的是，躍遷並不是不勞而獲，它是**個人努力**和**收益的**非線性，這種非線性通過巧妙地利用科技與社會規律放大而來。這種勤奮不是戰術上的勤奮，而是戰略上的勤奮。所以躍遷和努力精進並不衝突，只是更強調在**正確的範式下「聰明地勤奮」**。自我精進、終身學習是一切進步的原動力，一個站位再好、加了再多槓桿的人，如果自己不夠努力精進，也無法達成躍遷。

第二階段能力躍遷的要素則是「吸取能量」，即借取趨勢和規律。拿愛因斯坦的相對論來說，如果不是之前的大量物理發現的積累，比如電磁的發現、原子假說、波動說和微粒說流派的爭論，數學界非歐幾何的學科積累（數學家在完全不知道有什麼用的時候，活生生建立了一個全新的學科！），以及接下來幾十年科學技術發展精確到能證明光的偏移，相對論即使更早提出也不會被證實和流傳。可以說，在那個時代即使不是愛因斯坦，也會有另外一個人出現，提出這些劃時代的理論。愛因斯坦並不是創造了歷史，而是讓歷史從他身上顯現。

認知躍遷、**能力躍遷和能級躍遷**是個人躍遷的三個階段，聰明的勤奮者已經隱隱約約意識到，今天資訊時代的中國，正好是自我躍遷最好的時代，是奇蹟年發生的前奏，這是一個已經為個人崛起做好了準備的時代。

只要你升級心智、洞察趨勢、聰明地勤奮，人人都是享受時代紅利的幸運兒。

掌握時代魔法，或者溺水身亡

我想看《羅根》（金剛狼3）這部電影，在豆瓣上我找到了《羅根》系列前兩部的劇情，及其扮演者休．傑克曼的故事——他專注這個角色十七年，是家裡五個孩子中最小的一個，是著名歌劇演員，是甜食愛好者，為了保持身材十七年戒糖。我還知道他的妻子是狄波拉—李．福奈斯，比狼叔大十三歲，他們收養了兩個孩子。好萊塢有同樣戀愛經歷的人，還有很多……

但是，

這跟我有什麼關係！！！

我可是想買下午兩點半的打折票的！

現在賣光了！！

完—全—離—題—了。

三種時代溺水者

如果說注意力迷失是這個時代最常見的場景，下面就是這個時代最令人感嘆的隱喻：如果說讀書像是在思想的游泳池裡暢快地活躍，那上網就像是在大海裡游泳，永遠看不到地平線。有時候你以為發現了一個島嶼，當你游過去後，卻沮喪地發現那只是一個浪頭——讓你覺得更加虛空。唯一安心的是，身邊還有一群同樣迷失的人，他們還相互按讚。這群人是在時代溺水的人。

第一種時代溺水者：無法掌握自己注意力的人

今天，對於職場中人來說，能否馴服自己的注意力比是否專業更加重要。過去，知識是內在財富，而手頭工作是老闆給的，你只需要根據老闆的要求輸出知識；今天，知識可以從外面供給，注意力卻必須內在擁有，你需要調用內在注意力抓取知識。如果你沒有馴服注意力的能力，你的時間、思維會被完全打碎，你的大腦就會變成豆腐腦兒。

第二種時代溺水者：無法過濾資訊，找不到重點的人

你在網上看到一段話，如何迅速判斷真假？是不是真的應該接受這段話傳遞的資訊？如果幾個人觀點不同，到底該怎麼辦？每天能聽的課、能看的書、能做的事、能用的東西實在是無窮無盡，根本學不完，到底該學什麼？你身邊的人還一個比一個努力，似乎都是機會，又都無從下手，到底該投入哪一個？

你在寫郵件，微信上有小紅點出現，到底應不應該點開？你在網頁上看到一個超連結，是否應該點開？點開多久能發現合不合適？關閉前要不要收藏？收藏以後你又什麼時間會看？

美國知名的心理學家裘蒂斯·哈里斯說：「網路發布資訊的方式，就像從瓶子裡倒番茄醬一樣，開始太少了，現在又太多了。」

第三種時代溺水者：不理解系統，無法與陌生人連線協作的人

你和多少微信裡的好友從未見過面？你們是如何協作的？當你接到一個全新的任務，又沒有過去成形的知識，你該通過找誰聊來想通這件事？在一個每天海量資訊湧入的不確定性時代，事實是什麼不重要，也許一群人能合作解決新問題才是關鍵。就連物理學家霍金——他通過高科技的幫助每分鐘能輸入四個單詞，都在每天和同行用郵件溝通，你難道還在單機思考？

無法掌握注意力

無法過濾訊息

無法與陌生人協作

時代弱水者

有人想像過未來的工作——大數據瞭解你的核心優勢，每天打開電腦，程式會自動抓取全世界最適配的任務和最佳報酬推送到你面前。你自己選擇任務開始工作，你根本不知道誰是你的雇主，以及你在為誰工作。

在《人類思維如何與網路共同進化》一書裡，傳播學家霍華德·萊茵戈德說：

那些不具有基本注意力素養（包括辨別真假、參與、合作、自我保護意識）的人容易陷入批評家指出的所有陷阱：淺薄，輕信，分神，異化上癮。……我們應該學會管理思維以便使用工具思考而不失重點，我願意付出代價來獲取網路提供的資源。

管理注意力、判斷資訊，和陌生人社會協作，缺失這些能力的確會讓你溺亡，但當你掌握了這些「時代魔法」，你會成為真正的「超人」。

我們常看穿越到明朝的小說，作成為超人的夢，其實不需要這麼遠，只需要穿越到二十世紀九〇年代，你都會被當成超人——在他們看起來，每個現代人都有超能力。

神通一：過目不忘

你的記憶力無窮，只要掏出個小玻璃塊接上網，你就什麼都記得——你記得鹿晗的生日，記得《哈利波特》系列的全文，記得《史記》某一章寫了什麼，而且還能倒過來背《窮查理寶典》。要回憶某天的心情，你就直接拉到當天朋友圈的圖片，就什麼都知曉了。網路幫你記住一切。

神通二：千里眼、順風耳

現代人的感知力增強了。我父母想在長沙買房，準備坐動車去看看周圍情況。我打開百度地圖，調出當地的街景，陪他們繞著社區「走」了一圈。此為「千里眼」。我能用微信和瑞典的朋友討論哲學問題，此為「順風耳」。

神通三：神決斷

你是民意調查專家。你看一部電影，不需要研究它的演員和導演，只要上豆瓣看看評分。中午去哪兒吃猶豫不決？你能通過大眾點評「聽」到其他顧客的評價，此為「他心通」[1]。

遇到社會問題，你能聽到好幾方面專家的聲音。想到一個好點子，你會去行業論壇找找有沒有類似想法，雖然大部分都是扯淡，但的確有真知。你甚至還能在網上找到專家團給你一對一指導。這讓你的判斷力前所未有的清晰。

過目不忘，千里眼、順風耳，神決斷——是不是超人？

不過，要有網路。

正如北大教授胡泳所說：人不過是猿猴的一‧〇版。現在，經由各種比特的武裝，人類終於將自己升級到了猿猴二‧〇版。他們將如何處理自己的原子之身呢？

1. 編按：他心通，佛教用語，指無須他人告訴就能知曉他人心思。

行為是思維的產品。行為的變化，是思維的顯現，而思維的源頭——大腦結構正在發生改變。

研究證明倫敦計程車司機的海馬組織（大腦負責記憶的部分）比一般人大，因為他們需要記憶更多的地圖。經常玩電子遊戲的人會有更好的空間反應能力和眼腦直映能力（真希望當年暑假藏我任天堂遊戲機電源線的媽媽能看到這一段）。

外包大腦，成為超人

二〇〇九年，精神病學教授蓋理．斯莫爾（Gary Small）發表了研究論文《谷歌如何作用於大腦》。他找到二十四名研究物件，其中十二人經常使用搜尋引擎，另外十二人很少用，分為兩組。每一個人上網時給他們腦部做核磁共振，研究發現使用搜尋引擎的時候，人們大腦中處理問題決策的區域活躍度會提升，經常使用搜尋引擎的十二人在實驗中的腦部活動是很少使用搜尋引擎的人的兩倍。

哥倫比亞大學、哈佛大學以及威斯康辛大學麥迪森分校合作的另一個研究也證實，人們在使用網路時不太會去記住那些瑣碎的知識。與此相對的是，他們更有可能會記住從哪裡可以找到這些資訊。

「網路已經成為人們將資訊儲存於大腦之外的外部記憶或者說交互記憶的基本

形式。」研究人員總結說。

就像今天，我們不再給硬碟擴充，而是直接上傳到雲端硬碟。小企業主外包了周邊業務，聚焦核心業務。**人類也要把自己大腦外包一部分，聚焦最重要的能力，躍遷成超人。**

我知道你會說，這太可怕了——這樣下去，人類會變傻子了。

事實並不是如此。人類歷史上大腦已經發生了三次外包，一次比一次聰明。

第一次是語言產生的時候。正是通過語言，單機式的大腦變成了連線式的：通過講故事，人類可以一起協作打敗大型動物，而通過八卦，人類可以走出一百五十人的小圈子，與陌生人協作。《人類簡史》一書很翔實地解釋了這個「講故事讓人類進化」的概念，並稱之為認知革命，其實是獨立思考和工作的外包。

這次外包以後，**人類從個體蠻力走向群體協作，講故事成為新技能**。隨之是智人打敗所有種群，主宰地球。

第二次外包是書寫和印刷術的出現。書本極大程度提高了人的記憶力、思考深度和影響力。有了文字，我們才不用什麼都記，這讓記憶容量擴大；一些複雜的運算和邏輯推理，只有寫下來才有可能實現，這讓我們思維變得精確；而有了書，這些思想能傳播很遠很久——你今天還能讀到古代莊子和遠方的亞里斯多德。

這次大腦外包，人類走出了**語言短暫又不精確的限制，讀寫能力成為教育體系新寵**。隨之是科學、人文、經濟領域的大爆發。

第三次外包就是網路的出現。這次我們把記憶能力外包給了搜尋引擎，把協作外包給了網路，把體力和職能外包給了機器。這一切的底層邏輯都是網路——網路提高的不是記憶力，而是到達速度。那些資訊在書裡面也有，所不同的是拿到資訊的速度。當線上搜索的速度比線下快，你就傾向於上網找數據。當發微信比走到隔壁同事面前說話快，你也就選擇了網聊工作。如果有一天電腦比人還好使，你就會使用電腦。這一切正在發生。

這次外包，必然也會有一些技能減弱，而有一些技能則需要百倍增強——大腦**不該用來記憶，而是要用來觀察、思考、創造和影響他人。這本書談到的，就是這些在新時代高手必備的認知、一定要理解的社會規律，以及必須掌握的技能。**

這一次外包，又會帶來什麼變化？這個我們確實不知道。我們知道的是：第一，會帶來

外包大腦

人類歷史上前所未有的巨大變革和機會；第二，大家都既懷有希望，又焦慮、恐慌。

我理解這種焦慮——每個做管理者的人，都經歷過第一次心驚膽戰的授權。人類這個精明的小企業主也一樣，一邊外包，一邊擔心自己的核心業務被外包商學會，一邊又想在新業務上獲得跨越式成長。所以每個變革時代，在每個大腦外包的巨大機會面前，人類都會出現焦慮和恐慌。

老人家覺得年輕人墮落，世風日下；中年人擔心新的發明太可怕，自己要被取代，因而感到恐慌；青年人則很興奮，直呼大好機會，但是又焦慮得要死，不知道如何著力！好玩的是，等到年輕人自己到了中年和老年，又都忘記自己曾經要顛覆世界的決心，和父輩一個樣兒。

所以，自有文明以來，關於世界末日、世風日下和顛覆世界的論調從來沒有停過。

比如說，語言學家們總擔心今天的字元臉「:)」、「%>_<%」或者「不明覺厲」這種詞會毀掉我們的大腦，讓我們失語。但是最新的證據顯示，「九〇後」的讀寫能力並沒有變差。反倒是歷史學家發現，早在馬雅時代，那時的老人就抱怨年輕人越來越不會說話，敗壞了他們的語言。我們今天的語言學家保護的「經典」，恰恰就是以前的人痛恨得要死的世風日下文。

其實他們都想多了。每一代人在時代中都有自己的位置，時代不淘汰新人，也不淘汰老人，只淘汰站著不和它玩兒的人。

幾年前熱炒「九〇後」創業者要幹掉全世界，但喧囂過後，你發現最後跑出來的，是「六〇後」投資人，「七〇後」、「八〇後」CEO（首席執行官）和「九〇後」小朋友的組合。複雜世界需要複雜結構，少了誰都不行。

寫這麼多，是想提醒本書的讀者，別擔心世界末日、世風日下或電腦統治人類這種事。人類做為一個群體，前途光明。還是關心下我們自己吧——網路最大的特徵就是強者更強，弱者更弱。**未來是一個個體崛起的時代，卻不是每個個體都崛起的時代，順應時代的人躍遷式崛起，其他人舒服地被機器圈養，這是一個留下少數巨人、一堆侏儒的時代。**

這個時代資訊變多，思考變淺；機會變多，競爭跨界；隨時干擾，永遠線上。德國作家赫曼．赫塞在其名著《在車輪下》裡寫道：「面對呼嘯而至的時代車輪，我們必須加速奔跑。有時會力不從心，有時候會浮躁焦慮，但必須適應。它可以輕易地將每一個落伍的個體遠遠拋下，碾作塵土，且不償命。」

當大潮來臨，有人指指點點，有人漠不關心，他們肯定會被劈頭打蒙，頂著一頭濕髮狼狽地浮上來。而那些時代的高手看準趨勢，理解規律，踏上技能衝浪板，順流而下，成為新時代的弄潮兒。

接下來我們會討論幾個變革中最重要的話題，並且談談成為時代高手的技術。

- 如何識別機會，自我定位？
- 如何不重複低水準勤奮，巧妙地用社會槓桿放大個人努力？
- 如何成為某一個領域的高手？
- 如何應對學不過來的知識焦慮？
- 如何理解並創造性地解決問題？
- 如何保持內心的從容？
- 如何面對複雜的陌生人社會？

這本書的框架就是針對這些問題鋪開：

超越個體努力，借助社會槓桿成長的**高手戰略**；

停止單機式學習，成為連線式學習者的**知識IPO法則**[2]；

跳出平面思維，創造性解決問題的**系統思維**；

擺脫農業思維，在當今時代成為幸福的**高手的內在修煉**。

2. 編按：IPO，指輸入問題（input a question）、解決問題（problem solving）和輸入問題（output）的英文首字縮寫。

利用規律，放大努力

- 時代特徵：資訊變多，思考變淺；機會變多，競爭跨界；隨時干擾，永遠線上。
- 三大趨勢：調用知識而非記憶知識，連線的獨立思考，人機合一。
- 「高手」都懂得利用更底層的規律，激發個體的跨越式成長——這是他們鮮為人知的「暗箱」。
- 自我躍遷的三個階段：認知躍遷、能力躍遷和能級躍遷。
- 外包大腦：把不重要的技能外包，聚焦核心技能的躍遷。

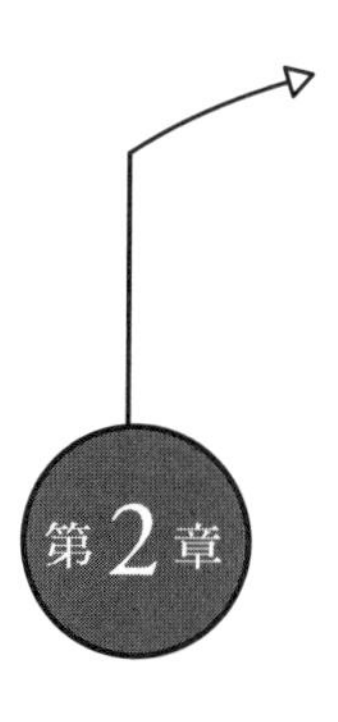

高手戰略

在高價值區，做正確的事

處處有機會，就等於處處沒機會；
競爭越是開放，個人越需要打磨深思熟慮後作選擇的戰略能力——
找到那些「更少但是更好」的事。

請思考：相比過去十年，我們身邊的機會是多了，還是少了？

在App市場剛爆發的那幾年，人人都是產品經理，在中關村行走的每個傢伙都有一個BP（商業計畫），打開能給你講一個宏大的故事——相比PC（個人電腦）時代，行動網路時代似乎有更多機會成功。但相比PC時代，App時代的贏家其實更少。今天手機上App大致有社交、娛樂、購物、教育、旅遊、生活、新聞、效率工具、導航九大分類，每一個類別裡的前三位基本占據了八〇%的流量（比如新聞類別裡的騰訊新聞、今日頭條和天天快報），[3]競爭更加激烈的類別占據大多數流量的也許只有兩家，如支付領域的微信和支付寶。而其他成千上萬個小App細分了剩餘市場。

今天能改變你命運的好書是多了還是少了？隨著出版業的發展和網路內容產品的出現，高品質的書肯定是多了，但是與你需求無關的、低品質的書卻也更多。過去讀書人手頭的書並不多，但流傳下來的知識含量很高，都是經典。但今天，你大部分時間都在看朋友圈的文章，點開標題之前，你甚至不知道裡面寫的是什麼。

個人發展也是一樣。新技術、新概念每幾年就有一波，撩撥你的心弦，比起過去十年，未來好像總有機會。大老闆們天天告訴你，需要專注、可以跨界，還能做「斜槓青年」，這簡直是說一個人能同時在好幾個領域有很多機會。

但是處處有機會，就等於處處沒有機會。因為強者跨界比你跨得更遠，專注者則比你前進得更快。以前這些人還被局限在自己行業內——你產品經理再厲害，我是一個作者，和你沒有競爭關係。但今天一個產品經理組織資源開始做內容，不一定不如作家。今天的機會多了十倍，而競爭者則多了百倍。

今天是一個機會更多，但機率更小的世界。處處有機會，就是處處有競爭。越是開放的市場，越是需要專注於核心競爭力。越是開放，越是聚焦——這是一個高手的時代。**當資源豐富時，選擇的能力比執行更重要。讀書、識人、修煉不是重點，**關鍵是讀哪些書？認識什麼人？修煉什麼能力？抓住哪個機會？

這些問題，僅憑努力已經不可窮盡，需要你有一種**深思熟慮後作選擇的戰略能力——要找到那些「更少但是更好」的事。**

歌德說：「如果你要指點四周風景，你先要自己爬上屋頂。」他的意思是，只有站在頂端，才能看到真正的世界，大部分的站位決定了你只能看到街景，看不到風景。我也一直有個觀點，要學習一項技能，就要先研究這個領域第一線的高手。只有站在高手身邊，與偉大同行，才有可能真正領略到他們的世界。

研究戰略領域的最佳人選，過去是將軍們，今天則有可能是最一流的投資人，他們的工作有三個特點。

3. 數據來自大數據公司 QuestMobile 二〇一六年十二月數據。

1.投資人的主要工作就是決策和選擇。對於投資股票來說，大部分人執行力相若。今天面對股票市場，你的執行力和股神沒有什麼區別。投資者主要拚的是作選擇的能力。

2.投資人作更多的戰略決策。你一輩子大概能選擇五~七家公司，三~四個行業。而投資者每年要在近千家公司、十多個領域裡高效地作選擇。他們是需要作出最多決策的人。

3.投資人更需要戰略眼光。和大部分人希望今天投入明天就獲得收益不同，一個基金的回報期至少是五~七年，產業投資週期則長達近二十年。投資關注的是長期收益。有趣的是，五~七年正好也是一段職業生涯的回報期，基於這個週期思考，你不會糾結於「我這個月薪水比同學小王低」之類的想法。

投資人是戰略高手，他們需要判斷公司的投入產出比。反過來說，我們又何嘗不是自己的天使投資人、不需要這種判斷力呢？

你投入練習，產出技能；投入享樂，產出體驗；投入情感，產出關係；投入學習，產出認知。每個人都是自己的投資人——早上拿到二十四小時的時間精力，晚上帳戶結算，第二天早上重新開始。決定一個人幾年後不同的，正是那些你睡著以後，能夠持續反覆運算的東西。

所以，我們要向投資高手學習人生定位和發展的個人戰略能力。

只打甜蜜區裡的球

來自棒球之神的投資理念

巴菲特，股票之神，連續十七年《富比士》全球富豪排行榜第二，關於他的財富故事實在太多，本書就不再重複了。

在巴菲特最受追捧的幾年裡，企業家流行去買一股伯克希爾－哈撒韋公司的股票，參加每年五月在奧馬哈舉辦的股東大會，聽一天股神對於投資的思考，感受一下財富的氣味，然後去巴菲特著名的沒有電腦的辦公室參觀。

參觀的人往往會被他辦公室裡的一張美國棒球選手的海報所吸引。海報中的棒球選手正準備揮棒，而旁邊是一個由很多個棒球排列成的長方形矩陣，每個棒球上都有一個數字。巴菲特會跟人介紹，這是對他投資理念影響極大的一個人。

一個投資者能從一個棒球手那裡學到什麼？這位被巴菲特放在辦公室裡的人，在熱愛棒球的美國人心中，也許比巴菲特更偉大——他就是波士頓紅襪隊的打擊手泰德・威廉斯（Ted Williams）。

泰德在棒球界的位置，一點兒不比巴菲特在金融圈的低。

他被稱為「史上最佳打擊手」，美國職業棒球聯盟中最後一個年度打擊率在○．四以上的球員[4]，位列美國《體育新聞》（The Sporting News）雜誌評選的史上百位最佳運動員第八位。

泰德在其影響深遠的教科書《打擊的科學》（The Science of Hitting）中，提出一個觀點：高打擊率的秘訣是不要每個球都打，只打「甜蜜區」[5]的球。正確地打擊甜蜜區的球，忽略其他區域的，就能保持最好成績。

「要成為一個優秀的打擊手，你必須等待一個好球。如果我總是去打擊甜蜜區以外的球，那我根本不可能入選棒球名人堂。」

他把打擊區域劃分為七十七個，每個區域只有一個棒球大小。只有當球進入最理想區域時，才揮棒打擊，這樣能保持○．四的打擊率。如果勉強去打擊位於最邊緣位置的球，他的打擊率會降到○．三或○．二以下。所以，對於非核心區的球，任其嗖嗖從身邊飛過，絕不揮棒。

這個策略聽上去簡單，實戰運用時其實需要強大的定力，尤其是在重要賽事的勝負關頭，幾萬名球場觀眾的神經就像吊了千噸貨物的細鋼絲，隨時都會繃斷，大家眼巴巴地看著你，希望你擊出安打，這時候一個低球慢悠悠地進入非甜蜜區，像是個唾手可得的好機會，要不要試試看？要是不打，全場噓聲。這時要堅持「只打高價值的球」需要強大而冷靜的內心，以及對於規律的定見。

棒球比賽有兩類打擊者。一類人是什麼球都打，每次都全力以赴，力求全壘打。這需要很強大的力量和體格，很多人甚至服禁藥來提升力量。另一類人則是聰明的打擊者，他們的先天條件不一定好，但是很聰明。他們只打擊高機率的球，也不強求全壘打，只求把合適的球打到沒有防守隊員的地方。排名前十的打擊手，都是後面這類人。泰德．威廉斯顯然是後者中的高手。

高手就是在高價值領域，持續做正確動作的人。

巴菲特從泰德身上學到了什麼呢？他學到的東西叫作「專注於高價值區」。在二〇一七年的紀錄片《成為華倫．巴菲特》中，巴菲特說：

> 投資領域，我在一個永不停止的棒球場上，在這裡你能選擇最好的生意。我能看見一千多家公司，但是我沒有必要每個都看，甚至看五十個都沒必要。我可以主動選擇自己想要打的球。
>
> 投資這件事的秘訣，就是坐在那兒看著一次又一次的球飛來，等待那個最佳的球出現在你的擊球區。（很多時候）人們會喊——打啊！別理他們。

4. 編按：職棒業界裡，〇．三以上的打擊率即為優秀的打者，年度打擊率超過〇．四者就如同神話一般的存在，美國職棒目前僅有兩位打者的打擊率超過〇．四。
5. 編按：甜蜜區是指打擊率較高，適於把球打到合適區域的擊球區。

巴菲特和比爾．蓋茲很早就是好朋友。比爾．蓋茲的父親邀請巴菲特共進晚餐時，讓他們倆玩了一個遊戲——在手上寫一個對自己影響最大的詞。兩個人的答案竟然完全一致：**Focus（專注）**

巴菲特在紀錄片中還說道：

> 股票的確有一種傾向，讓人們太快太頻繁地操作，太易流動。人們很多年來發明了各種篩檢程式來篩選股票。**而我知道自己的優勢和圈子，我就待在這個圈子裡，完全不管圈子以外的事**。定義你的遊戲是什麼，有什麼優勢，非常重要。

所以，即使巴菲特認識比爾．蓋茲多年，能夠拿到第一手的公司內幕消息，巴菲特也從未投資微軟，因為當時網路公司在他的能力圈以外，即使有看上去很好的機會，他也不擊球。

股神巴菲特的投資理念：**只投資高價值、可反覆運算、有護城河的公司**，其他的不看；不求短期獲利，只看長期獲利，盡量少動。棒球之神泰德的理念則是：只打擊進入「甜蜜區」的球，不求全壘打，但求結果最優。

看上去巴菲特和泰德採用的是世界上最穩妥、最保守、動作最少的打法，但偏偏這兩個人是全世界最強的進攻者——一個是投資界賺錢最多的投資人，一個是棒球界年度打擊率最高的選手。

高手都在持續做那些「更少但是更好的事」。

大蛇的戰略

亞馬遜流域，有種叫作森蚺的巨蟒，是全世界最長、最重的蟒。成年的森蚺能長到三十英尺（約九公尺）、三百磅（約一百三十六千克）重。如果這傢伙完全伸展開，有兩輛小汽車那麼長。

更厲害的是森蚺的強壯，牠全身有一萬塊肌肉（人類有六百三十九塊），簡直是條肌肉箭。沒有對比就沒有傷害，人類的健美冠軍就相形見絀了。

如果你被森蚺纏上，森蚺能產生每平方英寸九〇磅（約六．四千克）的壓強，相當於在你胸口（25cm×25cm）上停了輛四噸的卡車，你會聽到自己肋骨折斷的聲音。一九九七年電影《大蟒蛇：神出鬼沒》就是以森蚺為原型拍攝的。

總之，這種蟒是亞馬遜雨林裡的大神，站在食物鏈頂端。

森蚺讀起來不順口，我們就叫牠大蛇吧。王熙鳳說「大有大的麻煩」，大蛇也有。一般的食物都餵不飽牠，牠需要大型獵物，但大蛇的巨大身體，又不允許牠追逐太遠。

大蛇發展出來自己獨特的捕食方式。牠先找準樹蔭邊的水源——這是水鳥、龜、鱷魚頻繁出沒之地，盤在樹下，一動不動，靜靜等待獵物上鉤。

剛開始，周圍的小動物都看得明白——哎呀，這是蛇啊，不去不去——沒有任何動物敢靠近。一天、兩天、三天，牠一動不動，樹葉掉在大蛇身上，苔蘚慢慢長出來，蓋過了大蛇身上的味道。

三天、四天，開始有蟲、鳥在牠身上跳來跳去，甚至有松鼠就落在牠嘴邊，只要張開嘴就能吞進去，飢餓的大蛇還是一動不動。這時，小動物慢慢開始接近，心想這也許就是一個形狀像蛇的木頭吧。

潛伏到第十天，幾隻年幼的水鳥大著膽子到水邊喝水，好奇地看著這堆有點兒像蛇的木頭。還有幾次，有一頭調皮的斑馬甚至輕快地從牠上方越過，但大蛇還是一動不動。大蛇在等什麼呢？等一個巨大的機會。

直到有一天，也許是一隻羊、一頭鱷魚淡定地走到水邊，背對著牠，毫無防備，鱷魚的尾巴就在牠的鼻子前晃動——時機到了！

大蛇戰略

大蛇，這條盤踞十多天的大蛇，像一根粗大的黑色彈簧一樣突然躍起。鱷魚的肌肉剛繃緊想逃脫，卻已被黑色巨龍般的鱗片捲在了中間。

大蛇開始緩緩地施展牠的恐怖絞殺。很快，鱷魚的血液停止迴圈，不再掙扎，被大蛇一口吞下——這食物能讓牠生存一個月。牠找到一個水邊的樹蔭，盤起來，慢慢消化，等待下一個獵物。

我不經意間看到紀錄片中的這個細節，驚嘆於這條大蛇的戰略。大蛇顯然不知道自己用了什麼「戰略」，但億萬年的自然選擇讓牠找到了最合適的打法。大蛇的戰略很清晰：

- **找到甜蜜區：水邊大樹旁，耐心等待；**
- **戰略性專注：只盯著大型獵物，戰略性忽略小動物；**
- **等待機會：用最不取巧的方式攻擊——絞殺。**

這個打法和巴菲特、泰德的方法何其相似！

至今我們已經看到，投資界、棒球界以及自然界的三個頂級高手，都選擇了同一種戰略，我稱之為「高手戰略」：找到高價值區，戰略性專注，用最有把握的方式取勝。

新東方名師的崛起路徑

盯住高價值區？也許有人會說，這不就是現代版的「守株待兔」嗎？未免太消極了吧？恰恰相反，大蛇可以千百年守在亞馬遜雨林的水邊，因為它的生態環境並沒有太多改變。今天的社會選擇太多、變化太多、不確定太多，需要你非常努力地觀察、發現和驗證，最終才能逐漸通過亂象，發現高價值區。

也許你會有疑問：為什麼你不直接告訴我哪裡是高價值區，而是專門寫一本書討論這種技術呢？

第一，高價值區往往是反直覺、說了你都不信的區域。

我們都有經濟學常識，如果每個人都知道這件事，「人傻錢多速來」，這件事馬上就變成低價值的了。這些區域不僅是高價值的，而且常常是反直覺，甚至在別人眼裡很傻的。

第二，高價值區需要高競爭力。

越是高價值區，越需要高競爭力。如果沒有大蛇的身板，河邊等待的策略未必有效；如果沒有巴菲特的耐心，價值投資不一定能成。

第三，高價值區隨著時代在改變。

不信？讓我們來舉個例子，看一群年輕人如何通過使用高手戰略，跨越式成長，成為新東方名師。

二〇一六年被稱為「知識付費元年」，二〇一七年發布的《中國分享經濟發展報告二〇一七》顯示，中國知識分享市場初具規模，二〇一六年知識領域市場交易額為六百一十億元，同比增長二〇五%，使用人士超過三億。

我在第一章提到的——培訓和表達能力會從一門專業技能變成通用手藝的預言已經成真。近年所有厲害的內容創業者、培訓師都不再是只會講課的全職培訓師，而是掌握了講課這門手藝的各行業的一線高手。

今天如果你也希望做出自己的內容產品，或者未來成為某一領域的優秀培訓師，有哪些更快的方式？

答案眾說紛紜。不過我們的確應該研究下這個時代的高手的出處。今天你看到的知識付費大潮中的一眾名師：羅永浩、李笑來、艾力、李尚龍……走得更遠的教育家俞敏洪，天使投資人徐小平、李豐，學者王強……他們都來自一家叫作「新東方」的培訓機構。

新東方為什麼會在上一個十年突然湧現出來那麼多名師？這恰好是我在二〇〇六年研究的話題。那一年我在新東方國外部講GRE詞彙，剛被選為第一屆新東方集團培訓師。俞敏洪老師希望我研究下「優秀教師的能力素質模型」，並最終把成果整理成「教師之輪」體系，幫助更多老師成長。

這個研究調查了一百多個老師，包括來自大學、中學以及新東方等其他培訓機構最優秀的老師，綜合出五項核心技能，每個好老師都有這五項技能：

1. 專業知識：在所教授的領域，擁有系統的、科學的、可驗證的知識；

2. 課程設計：掌握根據學生不同需求合理設計課程的能力；

3. 呈現能力：如何通過語言、動作及包括課件、多媒體在內的形式去表達；

4. 個人魅力：獨具特色的人格魅力；

5. 積極心態：積極的心態以及重視內在修煉的系統。

根據這五項核心能力，我們設計出一個「教師之輪」培養體系，提升老師這五項能力，通過「教師之輪」體系培養新老師的效果很好，能力有顯著的提升。

在這期間，我發現了一個有趣的現

教師之輪

象：同樣的訓練課程中，有一群人的成長速度遠遠超過了其他人——他們不是因為比其他人更加聰明或者努力，而是採取了更加聰明的學習路徑。

第一次躍遷：用二八法則高效成長

雖然老師同時都需要擁有「教師之輪」的五項技能，卻有兩種學習路徑。一種是「快速迴圈型」：快速繞著整體五項能力跑一圈，先學最精華的，然後換一項繼續練。另一種就是「深耕穩健型」：老老實實在一個領域先做到一百分，然後再進入下一個領域。

過去的教師成長，往往有一個誤區：培訓機構的老師在聽完優秀老師的課程後，都會以為自己專業知識不夠，開始投入大量的專業學習——這一學就是一年。一年內你四處學習聽課，發現要學習的越來越多，於是一直學下去。兩年過去，你出師了。你花了百分之百的時間把專業補到百分之百，但還是發現遠遠落下了——為什麼呢？

最聰明的老師懂得「二八法則」——先投入二〇%的時間，把「專業知識」提升到八十分，然後開始研究「課程設置」板塊，同樣不求百分之百，快速達到八十分；下一步是研究怎樣才能把它講得更好的「呈現技巧」，怎樣讓自己顯得更有魅力，最後調整一下自己的學習模式和狀態。

這樣下來，用單項投入一百分的精力，能在五個分項裡分別拿到八十分，成為一名四百分的老師，而相比之下，那些「特別專業」的老師，只有一百分。僅僅由於學習路徑不同，就有四倍差距。利用「二八法則」，「快速迴圈型」老師達成了第一次躍遷。

與其用一〇〇%的精力學習一個領域的一〇〇%，不如用八〇%的精力學習每個領域二〇%的精華。

我們為什麼要開眼界？為什麼要讀經典書籍？為什麼要見大師？為什麼要學習底層邏輯？就是需要看到體系、看到全貌，才不會執意在某一個子系統裡做到一百分，而是利用「二八法則」快速跑通迴圈。要理解現代社會，這種對於經濟學、心理學、科學史、複雜系統底層學科的基礎知識的學習，很有利於建立全域視野，走通迴圈，我們在第三、四、五章會反覆提到。

但這僅僅是拉開差距的第一步。那些用很多時間學好專業的人會認為，雖然我起步慢，但是基礎穩啊，我可以用這個方式慢慢地用五倍的時間，學到五百分。

其實他們來不及了，因為四百分老師獲得的細微優勢，在未來兩步躍遷中，將會被百倍放大——優秀不僅是個體現象，更是系統的顯現。馬太效應開始發揮作用，把優秀老師推上了名師的位置。

第二次躍遷：利用系統放大名氣

第二次躍遷，是如何成為名師的關鍵一步。

如果你是一個學生，會如何評價一名老師？

內部看打分，外部則要看名氣——當時參加出國考試的主要是大學生，老師的口碑在考生之間傳得很快。如果有誰考了高分，教他的老師就會被認為有更好的方法論。

現在，四百分的老師在打分、學生回饋上都有了細微優勢。所以業務部門會給這些老師排更多的課。更多課程一方面意味著讓老師有更多鍛鍊的機會，另一方面會帶來更多數量的學生。這樣一來，即使教學方法和水準完全一致，也注定會有更多學生的成功案例和更好的口碑，這又進一步放大了老師的名氣，帶來更多排課，一個自強化的正迴圈產生了。

高分（打分系統）→更多排班→更多好學生（口碑）→更好名聲

高頻次的排課則把這個正迴圈的反覆運算速度拉得極快。

我翻了翻我二〇〇五年新東方暑假班的日記，在約六十天內，我上了二十期共一百六十節（兩個半小時一節）詞彙課，講座五場。按照每期八次課，每個班三百人，每場講座一千人計算的話，大概是六千人上課，五千人聽講座。

面對這樣大的講課密度，課程研發和設置只能放在不太忙的平時。暑假班的講台要求老師必須反覆打磨口才，展現個人魅力。往往一期暑假班結束，聰明的老師能走完一～二圈教師之輪，從優秀老師成為有魅力的「名師」，躍遷至另一個層次。

在二〇〇五年的新東方，名師正是在這樣的機制下迅速地從各個教室、各個分校中湧現出來，成就了諸如羅永浩、李笑來、陳向東、戴雲、張曉楠、翟少成、齊文昱、陳虎平、周思成，哎呀，還有我……這些一代名師。

通過專注於授課能力、擴大授課範圍，他們迅速建立了自己的個人品牌。

到此，新東方通過「打分—排課—口碑」的名聲放大器，迅速放大了一些老師的個人品牌，一代名師開始出現。

這種平台和個人雙贏的機制你今天能反覆看到，每個平台剛剛升起的時候，都需要一兩個奇蹟和傳奇，直播平台收入千萬的當紅主播、知識分享平台的知名網紅、電視台的知名主持人，都經過這樣的篩選機制，讓一群新面孔迅速閃亮，達成躍遷。

但是接下來更有趣的契機是，名師們之間開始互聯，讓新東方企業文化通過某種方式有了更多的二次發酵——如果說打分放大器是刻意為之，那我想連俞敏洪老師本人都沒想到過接下來出現的文化放大器。

第三次躍遷：與最優秀大腦互聯

名師們的互聯始於大班時代。

開設大班是為了節省成本，學校將大量的住宿班放在了北京郊區。老師們往往不願意住在那邊，所以新東方配備了專車，每天早上提前一個半小時接老師上車，有一個有上下鋪的小房間，供老師中午午休。

這種大班是新東方的核心班級——可以想像，越是排課多的名師，彼此見面的頻次越高，好多天，開往郊區的車門一開，發現坐的都是同一撥人，位置都沒怎麼變。這些頂級的頭腦開始聯網——按照今天的說法，開始形成圈層。

每次來回的路上，大家都聊聊自己見到的有趣的事、好玩的見聞、自己的授課心得、學生的段子。段子、故事、價值觀就在車裡、午休時、路上的扯淡中一次次地交換和強化，讓這個群體湧現出一種個體頭腦之上的「氣質」。

這種氣質後來被外界稱為「新東方精神」、「新東方風格」。我曾經不只一次講完課，有人走過來說，你是新東方的吧，聽得出來。到底是什麼氣質，做為其中一分子，我反而渾然不覺，但是就是有。

除了氣質相投，更重要的是情感連接和信任的積累——這些老師之間結成朋友、夥伴和未來創業的合夥人。一整代後來在各界創業、成名，占了教育培訓界半壁江山的CEO就這樣湧現出來。

俞敏洪老師在一篇文章中說：「我們可以去分析各種各樣的數據，分析各種各樣的行為，但是新東方之所以是新東方，因為我們這群人加在一起形成一種動能，形成某一種暗物質，這種暗物質不知不覺在推動新東方的前行，讓新東方區別於一般的純粹的商業機構。」這種文化暗物質，就是系統科學裡面的「湧現」。

直至今天，再無一家機構能像新東方這樣，一方面穩步擴大集團規模，一方面源源不絕地出產個體名師，提供給整個行業精神和氣質。

果殼網創始人姬十三和我聊過這個問題，他說，難道不是因為當年新東方聚集了從海外回來的菁英嗎？他們本來就很優秀。

第一代名師如王強、徐小平、楊繼……他們的確是這樣。但第二代名師才更是我們學習的對象——他們家庭背景一般，並非來自名校。雖然各自有天賦，也很努力，但並沒有比其他老師努力上千倍。

新東方一代名師的爆發，是巧妙地抓住了知識槓桿、利用平台紅利，以及和最優秀的人連線湧現的結果，是自然和社會規律的放大器。看懂了事物背後的規律，每個人都有機會推動自己躍遷。

另一種路徑：學而思的小班戰略

回頭再來看看，另外一家著名培訓機構「學而思」，他們用同樣的思路，走出了不同的路徑。

CEO張邦鑫也是個極有戰略思維的人——他從一起步就想得很清楚：想做第一名。而要做第一，先要找一個能做第一的領域。

大家都做大班，我就專注小班。大學是熱點，我就做中學；都在做英語，我就從奧數切入。即使暫時不是第一，也要找到有機會能做第一的領域。

他找到了自己的甜蜜區：聚焦教研。

教研是那種可以越做越好的，而且客戶價值很高的事。中學培訓主要目標是提分，分數對於孩子的價值毋庸置疑。中高考考試範圍有限，考試邏輯相對穩定，教研很有規律，這些特點讓這個領域簡單、可反覆運算。父母市場是個口碑市場，一旦作出口碑，續班率是教育培訓界最好的護城河。

據說，學而思的教研標準化能做到這個程度——在北京上課上到一半，家長想帶孩子去上海玩，問是不是可以停幾天，回來補上。

教研負責人說，不要緊，你帶上課本，直接去上海的學而思接著上就好。

到了上海，發現內容完全接著北京的課，嚴絲合縫。

小班時代，產生名師的機制不再，教研成為新的甜蜜區。深耕教研、以家長口碑為護城河，抓住這兩個點迅猛成長。

張邦鑫堅定不移地繼續他的頭部效應——培優，而不是補差，即只找最好的孩子培養。因為好學生會帶來好口碑，而把差生補好太難了。在單門課程沒有做到第一之前，不開其他課程。

最反直覺的是第三條：即使有廣大的全國市場，學而思並不隨便開分校，除非有把握做當地第一。分校的校長甚至收到這樣的命令：不允許迅猛擴大、快速開校區，除非第一個校區的口碑成為當地第一。他深度理解聚焦高價值的頭部帶來的效應。

二〇一〇年，學而思改名「好未來」，在紐交所上市。

其實無論是教師的個人成長、個人品牌的成長還是機構的成長，都符合一個原則——專注高價值的頭部。

「教師之輪」看到了所有教學要素：先學會每個子模組的二〇%的精華，整體形成個人優勢。

名師通過占領核心科目最大的班級，通過平台和學生的放大，快速形成個人品牌。

新東方精神是讓最優秀的二〇%的老師形成互聯的小圈子，整體形成企業氣質。中學教學市場，好未來專注教研，挑選最優秀的學生。

好未來的市場領域，是專注於每個市場的頭部，形成戰略優勢勝利。

什麼是好的戰略？

好的戰略就是達成「投入和產出的非線性」，用八〇%的時間學習二〇%的精華，快速占領賽道的頭部，吸引最好的資源，互聯最好的人才，共同成為第一名。

頭部為什麼會有這樣的神奇效應？這來源於一個現代社會我們每天在用卻不甚瞭解的規律——冪律分布。

冪律分布：發現身邊的高價值區

一八九五年，義大利經濟學家維爾弗雷多·帕累托（Vilfredo Pareto）在研究國家的財富分布時，發現了一個很有趣的現象——每個國家的財富都呈現出一種分布方式，少部分人占據了大部分財富，而大部分人擁有少量財富——在坐標軸上，這是一個頭部嚴重向左靠攏，還拖著長長尾巴的分布。

用數學表達就是「節點具有的連接數和節點數的乘積是一個定值」，被稱為冪律分布（下文簡稱冪律）。簡單說，在一個系統裡，如果擁有一萬元的人有十個，那麼擁有一千元的人就有一百個，而有一萬人只有十元錢（數學量的請直接跳過，不影響閱讀）。

冪律的第一個特徵，就是高度的不平均。最通俗的表達就是「二八法則」、「馬太效應」或者是「長尾理論」。二〇%的客戶帶來八〇%的生意，二〇%的人占有八〇%的財富，二〇%的詞彙表達了八〇%的資訊……

很快，科學家陸續發現這種分布方式在自然界和人類社會處處皆是——地震爆發的頻次，月球上隕石坑直徑的分布，語言中單詞的分布，國家人口的分布，網頁點擊的次數，論文被引用的次數，奧斯卡獎項的分布，全部都符合冪律定律。這種分布被稱為「可預期的不均衡」。說白了，**不公平就是大自然的一種常態。**

這種不公平的程度是遠超乎想像的。美國二〇一五年GDP（國內生產總值）是十七．九萬億美元，排世界第一；圖瓦盧GDP三千四百萬美元，排在倒數第一，相差近五十三萬倍。一％的美國人擁有美國三四％的財富。一半以上的維基百科詞條是由占世界〇．七％的人編輯而成的。中國也是一樣，大部分人的年收入在幾萬到幾十萬元之間，馬雲二〇一六年財富增幅高達八百二十億元。為了避免受刺激，就不算多少倍了。

冪律的第二個重要的特色，是分形（fractual）。分形就是「一個圖形細分後，每一個部分都是整體縮小後的形狀」。

最常見的分形是海岸線，你在世界地圖上會看到大陸板塊彎彎曲曲的海岸線，如果

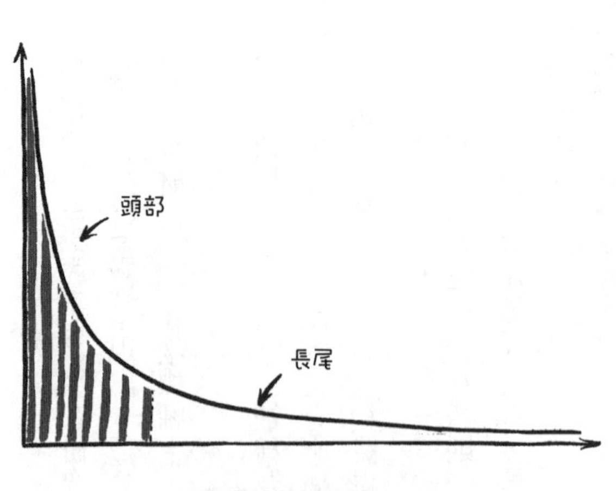

冪律分布（長尾分布）

用谷歌地圖放大十倍，你會發現放大的每一段海岸線依然是這個形狀；你再放大十倍，海岸線的形態都依然是相似的。同一個形狀在不同大小尺度下一再重複，就是分形。這種情況在自然界隨處可見。人體肺葉細胞和陸地上的河流流域很類似，葉片、雪花上，你都能看到這種分形的現象。

社會系統也是一樣。城市間的GDP符合冪律，這些城市裡的企業規模符合冪律，這些企業裡的部門重要程度符合冪律，這些部門裡的人員重要程度符合冪律，具體到一個人，做事情的投入產出比也符合冪律。

效率源自槓桿點

冪律無處不在，給我們的一個最重要的啟示是：社會和自然的大部分系統都有重點，做事情一定要抓重點，持續地抓住重

樹葉與冰花上的分形

點，就抓住了最高效率的關鍵。

你若在一個三線城市的小公司的小部門工作，你的部門其實有重點。每天的工作看上去都是同樣無聊，其實也許和某個領導某個時刻的溝通特別重要，會影響你一輩子，而其他工作可能做到八十分就很好。你現在讀的這本書，也一定有一部分比其他部分更加重要，一旦看明白了，就抓住了書的大部分。我也專門用加粗、標題、圖示、序言強化了它們。

這種利小的投入能撬動更大收益的工具，就是槓桿。冪律告訴我們，每個系統裡都有槓桿點，找到這個槓桿點，能迅速放大一個人的努力，達到事半功倍的效果。

冪律分形，意味著剛才提到的系統的重點都能繼續再分，找到更微妙的重點。槓桿點上，還能繼續加槓桿。

以二八法則為例。大家只知道二〇%投入有八〇%的收益，其實進一步想想，這二〇%裡依然遵循二八法則，有二〇%的二〇%。同理再推進一層，我們可以找到二八法則的三次方：找到二〇%的二〇%的二〇%，收到八〇%的八〇%的八〇%。你的效率就是別人的六十四倍。

二八法則：二〇%——八〇%

二八法則二次方：四%——六四%

二八法則三次方：〇・八%——五一・二%

當然，最難的是在變化的世界裡持續找到那核心的二〇％。這個最難，但也最有價值。一家公司從天使投資到B輪，天使投資人大概會以一百倍收益退出，付的就是這個當年發現二〇％的錢。

找到事物的核心槓桿點需要大量的觀察和思考，然後抵抗住各種誘惑，堅定地持續專注這二〇％，這需要強大的定力。這是投資的思考方式，也是自我投資者——高手——最重要的戰略。

如何應對階層分化？

除了冪律，你會發現另一種分布在自然界也很常見，就是正態分布，也叫泊松分布。這種分布你熟悉得多，是一個倒U形的曲線，大部分人都是差不多的，傑出和特差的都是少數。

比如身高，全世界最高的成年人身高二．七二公尺，體重二百二十二公斤；最矮的成年人身高五十五公分，體重十二公斤，但是大部分人都在這兩者之間（醫生、建築師和裁縫是幸運的）。你我的智商、顏值、體重……大部分自然界生物的參與，都是正態分布。正態分布展現出來的，是和冪律完全相反的平均主義。

單獨看這兩個常見的分布模型沒什麼感覺，放到一起，就很有趣。

馬雲也許的確比你勤奮，但是不至於勤奮上百萬倍吧。為什麼明明智商和努力程度差距不大，卻會形成差距巨大的財富積累？

你和明星的顏值差距並沒有幾萬倍，但是為什麼名氣會差距巨大？三線城市的房屋品質，比起北京CBD（中央商務區）的房屋品質相差並不算大，但是為什麼房價會差好幾倍？

二〇一六年「胡潤財富排行榜」財富百強分布是個典型的冪律分布，但這些人的智商、努力程度應該都符合正態分布。那麼，這些正態分布的努力，如何變成冪律分布的財富收益？

如果世界一開始是平均的，但是跑出來的結果卻不平均，而且是越來越不平均，這其實就是你今天看到的所謂階層分化。到底是什麼關鍵節點，讓均衡變成了不均衡？我們又能如何利用這個規律？中國今天正處於一個階層分化的時代，到底有什麼力量可以阻止階層分化？或者我們有沒有穿層的可能？

不僅是你，經濟學家們在二十年前，就已經開始這方面的探索了。

不可思議的小糖人遊戲

一九九六年，通過電腦建模理解社會演化的思潮在學術界正興，美國布魯金斯學會的艾伯斯坦和阿克斯特爾設計了一個關於財富分配的遊戲，命名為「糖人世界」（Sugarscape）。

當時西方世界已經出現了嚴重的貧富分化，原因則眾說紛紜：右派認為是資本主義的萬惡制度，富人為富不仁，政府失控；左派則認為是窮人又蠢又懶。

這兩位科學家想設計一個模擬的小世界，看看能否找出貧富差距的成因。他們設計出一個類比的地形圖，深色區域含糖量高，淺色區域含糖量少，而白色區域則不產糖，對應資源富裕區、有限區、貧困區和沙漠區。糖在被吃掉以後過一段時間會再長出來。然後他們會隨機丟一些小糖人上去——這些小糖人遵循幾個簡單規則：

1.看四周六個方格，找到含糖量最高的區域，移動過去吃糖；

2.每天會消耗一定的糖（新陳代謝），如果消耗大於產出，則會死掉出局；

3.每個糖人的天賦、視力和新陳代謝是隨機的。

有人天生視力好，別人看一格，自己看四格，比較占優勢；有人則比別人消耗少，別人每天消耗二格，他只要一格，可理解為體力好。還有一些天生富二代，攜帶更多糖出生。

你可以通過設置不同的數值調整這些參數，這樣一來，等於創造了一個小糖人世界。然後點下「運行」，這個模擬世界就開始運作了。

一開始的時候，大家都差不多，最富裕的二十四個人有十塊糖；但跑著跑著，不均衡開始出現。在第一百八十九回合以後，貧富差距出現了，最富裕的二人有二百二十五塊糖，而有一百三十一個人只有一塊。小糖人國家裡，少數巨富階級出現在右邊，而數量巨大的底層收入者在左邊，這就是我們常說的「階層分化」。

階層分化以後，會固化嗎？答案是會的。在第六百三十六回合，階層依然穩定。我第一次玩這個遊戲的時候，目瞪口呆。今天你還能在網上搜索「Netlogo」找到這個遊戲，自己玩一下。

我馬上想到，我，這個小世界的造物主還有改變他們命運的武器，我可以散布些更好的先天基因。如果我隨機讓他們中間有些人體力更好、更聰明，會不會改變這個社會分布？不會。無論你怎麼調整，隨機平均分布的「優良基因」，最後都會跑出不均衡的冪律曲線。

我又想到試試看多給世界發紅包，多分布一些後天的財富「富二代」。但是讓人沮喪的是，更多富二代的世界，最後跑出來的依然是不均衡的冪律曲線。

這些設置的確會加速或減慢社會的階層分化，或者改變個體命運，卻並沒有能力阻止這個貧富分化的趨勢。

我這個一心希望世界大同的造物主在小小的棋盤面前完全失去神力。

這些小糖人中沒有壞蛋，沒有資本家，沒有野心勃勃的政治家，僅僅是一群遵守簡單規則的小黑點，但是他們構成的複雜系統一次次展現出不可逆轉的不均衡。

在一個流動、開放的社會裡，階層分化是穩定且可預期的。

可預見的不均衡

你現在知道為什麼「網路正在重塑世界」。互聯帶來的不僅僅是上網更快，可以坐在家裡辦公，互聯的關鍵是讓每一個系統產生交換，從正態分布逐漸轉向冪律分布。**在這個過程中，頭部效應越來越嚴重。**如果不能識別一個系統的頭部，僅憑個人努力，會越來越追不上這個時代，窮人會越來越窮。

為什麼貧富差距會越來越大？

財富差距的產生源於財富是迅猛流通的。

猜猜看，到底是二〇%的富人和八〇%的一般人擁有的財富差距大，還是富人中二〇%的巨富，和剩下的八〇%的富人差距大？

《巨富》這本書專門研究世界上的巨富階級——每個國家二%的那群人。該書作者指出，億萬富翁和一般富翁的財富差距比富翁與一般人的財富差距更大。

寒門再難出貴子嗎？

因為教育資源的進一步流通，形成了頭部效應。

北大教育學院副教授劉雲杉統計了一九七八～二〇〇五年的北大學生家庭出身，發現來自貧困家庭的學子從一九七八年的三成下降至二〇〇五年的一成。吳伯凡老師也說過，他就是來自一個小鎮，他鎮上出了三個高考狀元，一個在人大，一個在清華，都過得很不錯。但是近年來很難聽到小鎮的哪個孩子考上清華、北大了。

優秀的教育資源，無非是老師、孩子和家長。

最重要的是教師資源。在二十世紀八〇年代前，教師資源的分配相對平均，加上當時很多極其優秀的知識分子散落民間，常常有大知識分子做基層教師的情況。當時學生基本在當地就學。而家長收入也平均，並沒有閒錢投給孩子。

今天就不同了。一個老師優秀，會收到來自北京、上海的好學校的力邀；一個學生嶄露頭角，會有很多名校上門爭取。好老師帶好學生出好成績，好成績吸引了更好的老師和學生——形成冪律效應。

更優秀的第一代家長也帶著賺來的財富進入戰場，給孩子大量的補課、遊學、練習機會。我在老家懷化的同學把孩子帶去長沙一中上學，而北京的很多孩子則不參加高考，直接去海外讀高中。

一篇名為〈北京的無奈：海澱拚娃是怎麼拚的〉的文章在家長的朋友圈被瘋狂轉發，作者透露了他孩子在輔導班的課程：

> 語文由北大的老師上課，讀的是《大學》和《春秋》，但很多內容講的其實是歷史，而且是把中國歷史發生的事情與外國歷史橫向對比，帶有文化和哲學的啟蒙。
>
> 英語是新東方的名師上課，孩子從自然拼讀開始，不再是死記硬背，而是在講英語故事。

數學是國內「九八五」名校的畢業生授課，小學低年級的奧數就足以讓文科生繳槍，但孩子學會了就能體會到樂趣。

優秀的老師、家長、孩子資源都如此高度集中，一般孩子進入名校的機會就會變少。

不過這個社會現象不應該被解讀為「寒門再難出貴子」，只能說寒門難出名校生。如果「貴子」不僅僅指「名校畢業」、「高考分高」的話，中國教育產出的「好學生」和「貴子」關聯性並不大。中國的富人，大多數也並非來自名校。

為什麼付出和收益不成正比？

想像兩個同學A和B，因為身體素質一樣好，被選到一所體校。也許就是由於選拔賽前一天B吃壞肚子，慢了一點點，A可能被選拔上省體校，而B落選。A馬上有了更好的教練，更加科學的訓練和營養計畫，更多的國家級比賽機會。這個時候，即使B同樣努力，他們的能力差異也會越來越大。

如果A在國家隊中繼續獲勝，成為國際比賽冠軍，再回到自己的小縣城看到當年水準差不多的朋友，一定會感嘆命運弄人。其實不是命運弄人，這是系統的常見機制。在複雜系統中，細小的初始值的差異，會帶來巨大的不同結果，經濟學界稱之為「橫向分配不均」（horizontal inequality），即收益和內在價值，比如智力、能力，不一定有相關性。

命運就是不公平的，資源正在高度集中，我們正如遊戲裡的小糖人——但現實世界畢竟和小糖人遊戲不同，人類還有很多改命的「作弊器」。

- 小糖人不會學習，他們只能靠自己的觀察，我們不是；
- 小糖人從沙漠到資源區要移動很多步，甚至會死在路上，我們有交通工具和網路；
- 遊戲中的糖山是不會移動的，而真實世界每個時代的高價值區都在移動，機會一直有；
- 社會階層是固化的，但個體的命運卻不是。

所以我們能得出以下幾個結論：

- 停止抱怨。世界就是不公平的，接受它。階層分化是開放社會的必然趨勢；
- 持續學習＝擴大視野，提高效能＝擴大移動能力；
- 持續關注、觀察、驗證高價值區；
- 向正確方向移動，爬上冪律頂部。

我們依然可以通過戰略思考，改變自己的命運。既然確知一份努力在不同的位置會有完全不同的收益，既然理解世界的不均衡，為什麼不主動移動到高機率的地方去？

到現在，我們已經談到了高手戰略的兩個規律槓桿：

對內，通過二八法則三次方，持續放大自我效能；

對外，通過移動到系統的頭部，獲得系統巨大推動力。

頭部效應：站位比努力更重要

頭部效應

哪座山峰是世界第一高峰？珠穆朗瑪峰。那第二高峰是？

答案是喬戈里峰，八千六百一十一公尺，僅僅比珠穆朗瑪峰低了二百三十三公尺（珠穆朗瑪峰現在高八千八百四十四公尺）。

誰是第一個踏上月球的人？阿姆斯壯。那誰是第二個？

答案是伯茲．艾德林，僅僅晚了幾分鐘，很少有人記得他。但是你會因為另一個「第一」記得他——《玩具總動員》裡面最著名的巴斯光年。對，就是以他為原型。

這個規則在公司系統也存在：你也許能說出誰是你們公司最會拍照的人，那誰是第二名？

頭部收益更高

在一個系統裡，頭部品牌吸引的注意力大概占四〇％，第二名是二〇％，第三名是七%～一〇%，其他所有人共分其餘的三〇%。頭部會帶來很多的關注和個人品牌影響力，這些都會提高你能力的溢價，帶給你更高的收益。

頭部加速度更快

一旦你成為某個系統的頭部，系統就開始產生正回饋——微小的優勢會帶來更多名聲，名聲給你更多機會、更高收益。這又讓你可以投入更多資源，繼續擴大優勢，最後的結果就是頭部的人獲得最高的增長率。

能力提升需要三個要素：好的方法論，刻意練習，大量的實戰機會。而頭部的人會同時擁有這三個機會。一個公司裡的首席設計師，應該有最多機會拿到大項目，大專案會吸引最優秀的建築方、施工方提供最優的策略，他也會有最多的實戰機會，獲得最快的進步速度。

一個微信大號能夠收到最多的讀者點評，能夠聚攏最好的人才搞策劃，招納最多好的寫手，這個龐大的讀者群也會吸引最好的老師去講課，嘗試最多的玩法。如果行業真的有突破，也應該是他們最先達成。

如果這些頭部之間再相互學習和交流，頭部的加速度就更快了。高收益和高加速兩者相互強化，會迸發出巨大的能量。

高注意→高收益→高投入→高增長

就好像唱卡拉ＯＫ時麥克風不小心靠近音箱，微小的聲音會放大到嚇你一跳。

這就是在我們身邊發生了很多次的事——回想當年漫天遍野的影片網站，現在只有優酷馬鈴薯、騰訊、愛奇藝等幾家富有活力；三千多家團購網站只留下大眾點評和美團；多家網約車公司只留下滴滴。**一個充分競爭、互聯的時代，是幾個頭部與眾多長尾的時代**。很多投資人只投每條賽道的前兩名，就是這個原因，如果一個領域有人能獲勝，那一定是頭部的人。

行業也有類似的情況。兩個初始能力相若的人，在頭部行業如金融、網路，和在尾部行業如郵政，起薪和成長速度會相差很多。同一家公司兩個能力相若的人，在頭部部門（核心部門）和非核心部門，收入和成長速度也不同。

收益不僅和能力相關，更與站位相關。優秀是一種系統的顯現。頭部有巨大的借勢優勢。過去一個年輕人迷茫的時候來問我，該幹什麼？我會建議他去尋找自己的優勢、天賦和激情。今天我依然會建議他這麼做，但是如果短期找不到，我也許會建議他——先進入自己「能進入」的頭部，去最好的城市，去最熱門的領域積累資源、增長見識，與偉大同行。

等你的眼光上去了，競爭多了，你自然會品味出來自己的優勢和激情，你也有資源可以去實現自己的夢想。

我在深圳參與創辦新東方分校的時候，有一天經過一間教室聽到裡面哄堂大笑的聲音。我以為是哪個老師在試講，讓課堂氣氛變得如此之好，趕緊過去看看，卻發現是羅湖區消防隊的一個消防員在給我們的教職員工講解滅火常識。

消防隊有一撥人是專門上門給人講解如何使用消防器材的，說起來也不容易，這個活兒肯定特別無聊無趣，再說講解怎麼用滅火筒，誰愛聽啊？所以講解的兄弟不知道出於無聊還是勤奮，發展出一套極其有趣、生動、連講帶演的講解方法。我們的女老師笑得花枝亂顫，男老師也興致勃勃，比聽我講課還開心。

我站在後面觀察了他一會兒，確認他是一個極其優秀的講師。他並不比我們台下那些年薪幾十萬的老師講得差，可能還更好。我甚至暗暗可惜他所在的行業，如果他不是在講消防器材的使用，而是講詞彙，可能就沒我什麼事兒了。

之後才頓悟：當時的我並不知道，直到我後來做職業生涯諮詢，遇到了成百上千名各行各業的優秀人才，每一個小的細分領域的最優秀的人，優秀程度都差不多。一個奔波於城鄉的優秀推銷員的智商和能力，並不比一個投行的頂級高手差。同樣，即使在競爭最激烈的領域裡都有混日子的人，他們的水準也一樣普通。

你身邊肯定有這種站位極好的普通人——他們不是富二代，也不搞貪污腐敗，但是僅僅由於他們卡在了一個頭部行業，他們的收益就比普通人高出很多。如果你看不懂，你就只好感嘆人家「命好」，或者懷疑人家「有關係」。

優秀是冪律規則的簡單顯現——天時、地利、人和，取勢、明道、優術，不管是兵法還是商道，都把**時機和站位**放到了個人努力的前面。與其哀嘆社會的不公，不如盡快挑選頭部賽道，搶占頭部，享受紅利，這就是**高手戰略裡的找到高價值區，找到頭部**。

如何找到自己的頭部？

「我要成為最好的產品經理。」在某一次聚會的時候，朋友小明和我聊。

「那你準備怎麼做呢？」

「賈伯斯和張小龍是我偶像，我會先研究他們的方法論，然後用到我的工作裡面去，像工匠一樣持續打磨自己的產品。」

這麼努力，有可能嗎？

可能性很低——他的公司是一家給國有單位做資訊系統的公司，在這樣的公司裡，產品不是重點，管道才是頭部；在給國有單位做資訊系統的公司裡，他們公司也並不是頭部；在資訊系統領域，給國有單位做系統也不是頭部。

如果有另一個和他天賦、努力都相當的人，進入了一家以產品為核心的頂級公司，成長速度是不是會快很多？他崇拜的蘋果的賈伯斯和騰訊的張小龍，哪一個不是來自以產品為核心的最好的公司？

你現在理解小明的困局了吧——雖然他很用力地希望自己成為「業內」最好的產品經理，但他既沒見過「業內」，也沒見過「最好」。這種場外的奮鬥者是努力又孤獨的，由於站位元不對，他們的目標會距離自己越來越遠。

小明就是我們身邊的大部分普通人，我們畢業於一個普通學校，在一個中不溜兒的公司，做著一份還過得去的工作，水準在業內屬中上水準，但是我們希望自己成為某個領域的大神。

越是普通人，越是沒有先發優勢，越是需要懂得借力打力，利用頭部效應放大自身優勢。

找到自己可進入的頭部區域

我們先定義一下頭部。

頭部就是你所在賽道裡的高價值並且有優勢的領域。有些人聽完頭部策略，就開始琢磨馬雲、劉強東的生意，想著如何掙一個億，或開始了對於中國要往哪裡發展的沉思。越是委屈久、鬥爭經驗少的人越容易這麼想，因為他們認為只有這樣的領域才是頭部。

坦誠說，這些對你來說都不是頭部，簡直是太空漫步。因為這些領域你根本沒入過場，更談不上什麼優勢。對於大部分人來說，你的頭部都在你身邊，在你可以觸及、能夠參與的賽道——你根本不可能進入一個沒有見過的領域。

我們用一個「頭部矩陣」來看如何找到頭部。如果把競爭領域分為「高價值——

低價值」兩個維度，把競爭力分為「高優勢—低優勢」兩個維度。

高價值定義為：投入產出比最高的二○%的賽場；

高優勢定義為：實力排在賽場序列的前二○%。

這樣一來，所有的選擇都能被分成四個區塊：

頭部：高價值—高優勢

你在高價值區的第一陣營，是風口上的獨角獸、名校的優等生、熱門電視劇的女一號。

肥尾：高價值—低優勢

你在高價值區的第三、第四陣營，是獨角獸公司裡打雜的、名校裡的差生、風頭正勁的電視劇裡的宋兵乙。

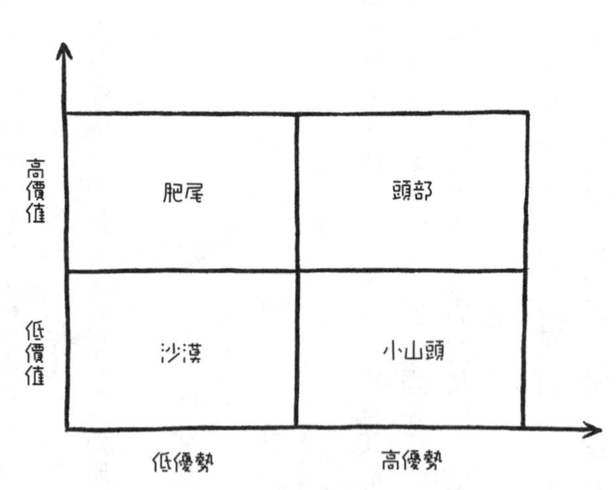

頭部效應

小山頭：低價值—高優勢

你是小山頭的山大王，是某家小公司的核心員工，是一個偏門領域的第一名，是邊緣群體的中心人物。小而美。

沙漠：低價值—低優勢

你是小公司的邊緣員工，非核心產業的非核心崗位。唉。為啥你還待在這兒？也許是安全感——低價值區，競爭小的領域相當舒服。時間一長，能力磨沒了，被困在這兒了。小，但是不美。

頭部效應講起來好像是明擺著的——**要專注於做那些高價值、高優勢的事**。很多道理常常由於過於簡單，而沒有獲得足夠多的思考和注意力。頭部效應就是典型的例子。其實越簡單的事情，操作起來就越難，因為過程的逆人性。

我們常常陷入三個誤區，但是只要遵守相應的原則，就可以成功避免陷入誤區。

誤區一：從當前優勢出發

很多個人成長，甚至職業規劃書都強調，先從個人優勢出發，選擇你感興趣的領域。這是個誤區。

1.場外選手很難判斷真正的優勢。

優勢全稱是「競爭優勢」。如果沒瞭解競爭領域，你怎會知道自己和誰競爭，有什麼優勢？

比如說，同事總說你唱歌很好聽很有天賦，最近《歌手》節目又很火，於是你決定發揮這個藝術天賦，辭職去做一名歌手。當你真的開始走上職業歌手之路，也許會發現自己「唱歌好聽」的優勢在專業歌手圈裡只能墊底。同樣道理，知心大姐不等於好諮詢師，特愛思考不等於善於思考。

到底是不是優勢，需要你入場才知道。核心優勢不是在地圖上定下來的，而是在戰場上一次次逼出來的。不上場你根本不知道什麼是核心優勢。

2.過去的優勢不等於未來的優勢。

我本科讀的是土木工程，大學畢業五週年聚會，大家問我在幹什麼，我說做英語老師。他們都拍著桌子笑岔了氣，可見他們一點兒都不認為我有講課的優勢。後來我出了本書，同學們紛紛發來賀電：「哎，我昨天看到有本書作者名字和你一樣。」可見他們也不認為我有寫作的優勢。一個人如果僅僅從當時的優勢出發，那麼我應該做個土木工程師，因為在自己的舒適區最有優勢。

京東早期的優勢是價廉物美。面對淘寶的競爭，正品是優勢；再後來天貓也是正品，京東發展新優勢——自建物流，快速到家是優勢。固守過去的優勢，恰恰最沒有優勢。

大學生畢業找工作經常在「專業對口的爛工作」還是「專業不對口的有前途的工作」間糾結。其實過來人都有體驗——工作兩年，你發現自己曾經最看重的學科優勢，根本不算什麼優勢。反而在學校養成的一些思考方式、為人處世的方法等綜合素質，才是真正的優勢。

原則：從價值而非優勢出發。

先確定高價值，再思考優勢。

為什麼大部分人做不到？因為高價值的事情，往往很難，競爭激烈，體驗遠遠沒有選擇低價值的「小山頭」舒服安心。大部分人會在這個時候下意識地退回來，給自己一個心安的理由——「或許那不是我想要的吧」。

因為射不中靶子，所以隨便射一箭，然後在旁邊畫個圈圈，宣布我射了十環！八〇%的人做第一個動作時，就已經走向平庸了。

所以你看，雖然簡單的道理，因為逆人性，所以最難操作。

不要因為容易而去做一件事，要因為有價值才做。不要因為便宜而買一件衣服，要因為值得才買。不要因為彼此習慣了就結婚，要因為相愛才結。

因為我們不怕苦，怕苦得沒價值；不怕累，怕累得沒有意義。

我不是基督徒，但耶穌有一句話我非常欣賞，來自《馬太福音》：「你們要進窄門。因為引到滅亡，那門是寬的，路是大的，進去的人也多；引到永生，那門是窄的，路是小的，找著的人也少。」

高手會暫時放下自己的優勢，思考價值，他相信只要方向正確，資源、技能、優勢都是可以積累的。

高手總是選擇窄門。

誤區二：著急入場，不想優勢

很多人走向另一個反面——看見高價值區就擼起袖子下場，很少思考自己的差異化優勢。如果說第一種誤判會讓你故步自封，那麼這個誤判就會讓你自我毀滅。

比如最近火熱的新媒體和內容創業，很多人心急火燎地開始學習寫作，朋友圈的內容激情四溢：「我註冊了一個公眾號，起了一個絕好的名字，拉了一個群，開始寫作，堅持了三十天，現在已經有十萬字了。」

學寫作是件好事，寫作是未來的核心技能，也是一個自我表達、自我修煉的絕好方式。但如果目標是希望趕上內容行銷、知識ＩＰ（智慧財產權）這波熱潮，可能就需要再考慮一下。

當他們真正開始寫，才會發現自己進入了一個早就競爭白熱化的領域，每個細分領域都已經有占據頭部的人，那是一群已經不停地思考和寫了很久的人——咪蒙是《南方都市報》編輯，六神磊磊是新華社記者，連岳是二〇〇二年就開始全職寫作的作家。

這些人都有共同點：過去在這個領域有不俗的積累。不管當初是主動還是誤打誤撞入的行，他們最終選擇深耕的領域都是拚殺後經過思考和判斷的，疊加在過去的能力資源之上，形成了強勁競爭力。

而對於這個時候才準備從頭開始的人，在隨波逐流選擇的人擠人的賽道上，別說頭部，小腿肚子都到不了。他們當時入場，只是出於一種「再不進入就來不及了」或者「我也撈一把」的焦慮。殊不知，以焦慮開始的事，往往以焦慮結束。

「蠢」字的結構，是春天的蟲子剛剛蘇醒，到處亂拱，沒有方向。大部人在機會來臨的時候，都有焦慮的蠢動。這種動作背後是思維的惰性。他們很少分析賽道的遊戲規則、優勝選手的特點和自己的競爭策略。他們不僅是準備成為寫作大號的人，聽到相關數據就準備報班的人，看到別人創業自己就註冊公司的人，還是看到人工智慧、網路金融或大數據火了就希望往那些領域發展的人……機會幾年一波，這群人從一個熱門的腳部衝向另一個熱門的腳部，除了心跳，從未獲得過什麼真正的價值……每個領域這麼浪幾年，唯一的資本——年輕也都揮霍完了。

原則：思考差異化優勢。

永遠不要在熱門領域隨波逐流。永遠不要在熱門領域隨波逐流。永遠不要在熱門領域隨波逐流。重要的事情說三遍。

價值越高的領域，競爭越激烈，越要憑藉獨特的優勢，你先不要著急動手，要用足夠的時間觀察對手，思考差異化優勢再進入。

這件事為什麼難？因為當所有人都瘋狂奔向新大陸，還有人在裡面賺到大錢的時候，每個人心裡都會升起「再不上就來不及了」的本能衝動，這種衝動來自祖先多年逃生的經驗積累。此刻要靜下心來思考和判斷，相當逆人性。巴菲特的辦公室沒有顯示當日股價的電腦和電視，也是一種可以讓自己不受打擾的必要機制。

知識源頭：OODA迴圈

約翰．博伊德（John Boyd）被認為是美國史上最偉大的戰鬥機飛行員，他的戰術思想指導了F-16飛機的研發，他把自己的空戰技術總結為OODA迴圈，今天還廣泛應用在軍事、商業和體育競賽中。

博伊德認為，在戰鬥中進攻速度並不是唯一的關鍵。重要的是時機和方式。一旦對手開始行動，你應該按照觀察（observe）、調整（orient）、決策（decide）、行動（action）四個動作行動，爭取後發而先制；這四個部分會不斷往復，被稱為OODA迴圈。

真正的高手會花很長時間觀察好幾個賽場，觀察遊戲規則、贏家的玩法，對比自己的實力，找到最好的優勢角度切入。他們知道這種**處處都有的機會，很多不屬於自己**；在那些屬於自己的機會裡，他們也並不著急出手，他們在等待更大的機率。

所以，千萬別相信「去最激烈的戰場，哪怕從頭做起，哪怕是個小兵」這樣的雞血故事，名人成功可以這麼說，但你在進場前不要這麼做。

如果優勢不足以當第一，那就搞差異化競爭；如果無法上主戰場，那就先占領二線戰場；如果綜合能力勝不了，那麼就找一個細分領域，然後從一個小頭部，去更大的頭部。

成功是成功之母，成為雞頭是變成鳳頭的捷徑。

思考差異化優勢：「羅輯思維」

在思考差異化競爭優勢方面，「羅輯思維」創始人羅振宇做到了極致。

羅振宇原來是中央電視台《對話》節目的製片人、第一財經頻道總策劃，在二〇一二年自媒體大潮之前，還做過企業培訓。二〇一二年是自媒體爆發的一年，優酷猛推原創影片，他的「羅輯思維」在優酷開講。

剛開始看的人都覺得很反直覺——當時的影片都是越短越好，如微影片、微電影，偏偏他老兄的影片是四十五分鐘長的實用內容，有時候一心血來潮還能講出一個多小時。這其實是一門影片版的歷史課。主持人、策劃人和培訓師羅振宇選擇在他最擅長的文史哲領域，用講課的形式，發揮自己最大的優勢。這是內容界的一股清流。很快，憑藉內容的精煉和表達的感染力，「羅輯思維」節目成為優酷原創影片第一、喜馬拉雅大熱門。

微信公眾號開始崛起，「羅輯思維」需要思考如何在這個高價值賽場上重新找到新優勢。今天你可以看到，微信第一大號「羅輯思維」的核心內容不再是最常見的原創文字，而是每天早上六點半推送的六十秒的語音和文章。這也是一個清晰的差異化標誌。羅振宇總能一秒不差地講夠六十秒，然後極其精要地在這麼短的時間裡把一個道理講得一波三折。這種能力被後來的脫不花妹妹總結為「轉述」能力。

我見識過羅振宇對一個語音的深究。我的專欄在「得到」上線之際，他為我做一條六十秒的語音發送，我見證了這個流程——他會事先在前一天寫出Word版稿件，反覆打磨每一個表達，刪減到含標點三百二十個字元，一個字都不差。然後用他奇快又精準的每分鐘三百二十字的語速，在第二天早上六點自己發出去。據說他曾經錄好請別人發過——那哥們兒覺得心理壓力太大，過幾天，還是交還給他發了。

我的節目上線時，他已經這麼講了近一千期，照理說應該非常熟悉了。但在錄製時，他還在和自己深究，糾結於某個我覺得根本沒什麼區別的細節，把一個一分鐘的音訊重複錄了十多次。對於核心優勢的最銳利的刀鋒，毫不吝嗇時光，時時刻刻打磨擦亮。

影響力和流量是一條腿，另一條則是漫長的商業變現探索之路。讓業內吃驚的是他那種毫不留情放棄增量的做法——社群、電商、ＩＰ投資，一旦找到更高價值的領域，整個團隊能夠立刻放手，然後按照摸到的下一塊石頭前進。這麼摸了一圈，最後回歸的，還是自己最擅長的老本行——內容策劃。

二〇一六年五月，「得到」App上線。這時在過去的打拚中，羅振宇早就獲得了極強的策劃能力、對於內容極佳的手感、一流的選品能力，以及一眾忠實粉絲，「得到」迅速成為內容付費領域的第一名。

「羅輯思維」的成長過程，也是一個人對於優勢的不斷聚焦和升級的過程。剛開始，講實用內容是優勢，但不能什麼內容都講，於是逐漸聚焦於商業、文史哲。內容創作中，羅振宇發現轉述是優勢，於是外包知識源頭，自己專注於轉述。在大量的轉述內容中，他意識到產品策劃是優勢，於是外包內容生產，自己全力打磨和策劃產品形態。他一步步做減法，優勢越來越少但越來越清晰。

「羅輯思維」則從自媒體第一，走到微信公眾號第一，再走到內容創業第一，從雞頭變成鳳頭。

誤區三：關注不屬於你的機會，眼高手低

第三個我們時常犯的錯誤是關注的領域距離你的生活太遙遠，那根本不是你的賽場。網路時代，你天天會聽到大老闆們的各種講話，未來、國際、世界……聽得你心潮澎湃。開眼界很好，但這對於解決你當下的困局，沒有什麼好處。

前面說過，找到頭部是一個持續觀察和思考的過程。一個距離你太遠的領域，

你根本就看不到真實的資訊和對手，聽到的全是傳說、段子或者別人希望你聽到的東西。這些資訊只能當故事聽，根本沒法拿來實際操作，你很難從中收到什麼有用的資訊。

你今天去個小酒館聽人喝酒扯淡，你會發現越是閒人越愛聊宏大的話題，中美建交、軍事部署、政治局常委、各國內政。這些話題都有一個特點，話題宏大到根本沒法驗證。誰更正確，全靠誰的嗓門更大。

要把注意力放到你能影響到、能操作的賽場，盡快到你視野裡最近的頭部，而不是想諸如「我怎麼成為業內最好的……」之類的問題。你可能既沒有見過最好，也沒有真正看到過「業內」。

原則：從身邊的頭部做起。

不要想太遠，從身邊頭部開始。

如果你在一個小團隊裡，那麼就先占領團隊的頭部；如果你是個三、四線城市的老闆，那就思考如何擊穿自己的市場；如果你是個小創業者，那應該洞察的就是你的領域，思考如何盤活前一千名客戶。如果你是快遞員，那就思考如何先成為快遞員的頭部。再小的系統頭部，都有巨大的效應，推動你去下一個頭部。

戰略必須先幫助你在當下破局，否則就毫無意義。

不要一開始思考「如何做出一款改變世界的產品」、「成為業內最好的×××」，先搶占距離自己最近的一個小山頭，這個小山頭會給你全新的資源和視野，然後再搶占下一個大山頭，最後是山脈的頂峰。從邊緣地帶一點點往前拱，雖然慢，但總有推進。一旦空降進入一個你不瞭解規則、沒法把握的賽場，即使偶爾獲勝，最後也會輸得精光。

從現在開始，從身邊開始，占領你視線裡的第一個頭部。

至此，我已經介紹了頭部效應的三原則：

1. 從價值而非優勢出發；
2. 思考差異化優勢；
3. 從身邊的頭部做起，從雞頭變成鳳頭。

頭部效應就是：通過觀察和判斷，搶占高價值、有優勢的頭部，然後從小頭部走向大頭部。

理解了頭部效應的三個原則，回想大蛇，你不得不承認牠捕食戰略的精妙。絕不一開始就靠體力追逐獵物，大蛇依賴的是判斷力。先移動到最高價值的地方——水邊，等待最高價值的獵物——大型動物。牠沒有毒液，也沒有速度優勢，所以如果沒有十分把握，就不出手。只有確認自己的力量一定能一擊必殺——有絕對優勢的時候，才出手擊殺。大蛇的勝利是判斷力和集中優勢的勝利。

當然，大蛇只是動物，沒有想著成為爬行動物界第一高手，所以牠不會「從一個頭部走向另一個頭部」。但是人類卻可以通過不斷的位移借力提升自己。接下來我們看看，如何利用頭部效應做具體的職業、人生和商業戰略選擇。

用頭部效應就業、擇城、選創業賽道

大銀行，還是小助理？

小倩剛大學畢業，有兩個機會：一個是去國有大銀行做櫃檯人員，一個是去網路金融公司做總經理特助。選擇哪個？

我問她：「進銀行現在都得靠關係，妳家裡有人嗎？」

回答說沒有，親戚託人轉了兩道手的關係，也只能幫到這一步了。

我的建議是：只要網路金融公司不算太離譜，就選特助。國有大銀行雖是航空母艦，但沒背景的櫃員就是甲板上擦地板的小兵，毫無比較優勢。網路金融公司雖然只是個小遊艇，只要在快速學習上突圍，特助做好了就是個大副。雞頭比鳳尾離鳳頭更近。

接下來要考慮的是比較優勢：小公司的員工往往有一種幻覺——我就是公司唯一的特助啊，還和誰比？其實**小公司一個蘿蔔一個坑，一定要學會向外看，你的競爭對手在公司外，全行業的小朋友都是你的對手。**

所以新領域不可能什麼都學，聚焦什麼？要看你有機會做哪個細分領域的高手。小倩調查、思考一圈以後有了結論：不要去碰那些專業性太強的金融、大數據、演算法領域，幹不過專業人士，理解到應用層面就好；不要搞政商關係，要是缺乏家世資質或並不是貌美如花，也沒法做第一；有機會成為優勢的是理解商業模式、做運營。這兩年時間，全力學習網路金融的運營，閒時寫作散播影響力，爭取成為年輕一代的頭部。

兩年過去，原公司倒了，她拒絕了銀行請她回去做網路金融的邀請，以五十萬年薪加股票期權去了另一家公司做運營合夥人。

不要被企業大小所迷惑，抓住高價值——高優勢的機會。

我要離開北上廣嗎？

Z是我哥們兒，理工學霸，原來不知道什麼鬼專業，中途出家做市場，竟做到市場總監。後來為追心愛的女孩來了北京，竟然又半路出家學程式設計，進了百度。三十五歲那年，夫妻倆在北京一年收入也有六十萬，還沒買房也未生孩子，該回老家瀋陽嗎？

這也是很多北漂面臨的難題。留在北京，機會多、薪水高，但是經濟、孩子教育壓力更大，屬於高價值——低優勢的「肥尾」；回老家機會少、薪水低，在大城市練就的一身功夫搞不好沒有用武之地，但是壓力小、競爭小，屬於低價值——高優勢的「小山頭」，在更加偏遠的地方，大城市培養出來的莫名其妙的優越感，搞不好會影響處理人情世故，那就真的是低價值——低優勢的「沙漠」了。

面對這種選擇，如果還處在高增長階段的人，最好選擇在大城市再待幾年，看能否躋身頭部；如果增長放緩，回去也是一種聰明的戰略性轉移，關鍵是如何讓自己在二、三線城市過好。

回老家對於沒有地域要求的自由職業者很有效。他們完全可以通過網路「身在麗江，腦在中關村」。大部分人都會落入第一種誤區：先想優勢，再找價值——我這種程式設計能力，如何在老家更有用？我這種博士生，在老家能幹什麼？答案基本不太好。

記得頭部效應的第一條原則：先鎖定價值，再創造優勢。三、四線城市的高價值區在哪兒？

Z回去攢了一個企業主群，本來想著當個群主以後在裡面接點兒程式的活兒，卻發現企業主最困惑的、天天和他聊的是自己的企業怎麼轉型網路——中國三、四線城市的企業有一個巨大的網路轉型需求，而大量的傳統企業面臨轉型卻根本不知道如何下手。我朋友李忠秋拉出來過一個二百家企業培訓公司的產業圖譜，收入上億的公司利潤最多的領域包括綜合服務提供者、平台產品和三、四線城市中小企業主培訓，而後者利潤率最高，是個價值相當高的區域。

但是對於在一線城市待過的人而言，這個過程他們並不陌生——這幾年所有在他們身上發生的事情，都會在三、四線城市重演。Z最後選擇幫助大型企業網路轉型，以「薪水+股票期權」的方式介入一家大型農業電商。再過幾年，如果足夠專注，他也許能成為這個領域最有經驗的經理人。

先找價值，再定優勢。千萬不要被自己的優勢迷惑。

創業的頭部效應

很多進入職場三~十年的人都希望能抓住一個時代機遇，進入機會最多的爆發行業，這恰恰是非常危險的事。

爆發行業的第一批機會是留給在機會旁邊看了很久的人。所有領域的領軍人物，要麼本身是這個領域的開創者，要麼是在看到機會的時候，已經在相近領域積累了經驗，能最快地遷移過去。

這意味著做為行業素人，盡量不要盲目隨波逐流，不要衝進熱門行業拚殺並希望好機會降落在自己頭上——這都是《財富故事會》的主題。

所以，假如你從來沒有做過大數據，現在有一個哥們兒號召你——來，我們一起學習從頭開始創業吧，我們的未來是星辰大海……去不去？不要去。

其實你可以通過差異化策略，找到很多切入點。

聚焦細分戰略

你可以直接跑到這些人沒有空做得更加細分的市場。《好好說話》很火，你是沒必要介入了，有沒有可能做一個《好好說話》的戀愛版——《好好說情話》？這個機會就很大。模式、結構都很清晰，內容很聚焦。

搜狗原來就是搜狐的一個小模組，你看人家現在的發展。

轉移周邊戰略

周邊市場服務的，是核心市場拚殺的玩家。牛仔褲品牌Levis就源於美國西部的淘金熱，既然大家都在淘金，那麼也許他們需要耐磨的褲子。

職業也是一樣，如果第一波已經趕不上，不如試試看周邊市場。大家都在做微信的時候，新榜起來了；大家都在做內容的時候，千聊起來了。

我的一位好友前段時間從市場轉技術，想去學習前端。當時我不太贊成，App大潮都快過去了，前端需求不會增多，那些創業公司釋放的勞動力也氾濫。

他說那未來什麼火？要不要直接去學習大數據或者VR？

除非你是這方面的天才，否則別碰。因為成為一個數據專家需要很長的學習週期，你很難趕上這個進度。周邊市場其實是個好策略。大數據幾年內一定會像自來水一樣對接到每個人、每家公司，但是個人是用不上的，因為使用門檻太高，一定是針對企業用戶。

企業使用者則需要大數據公司理解需求，設立方案，大數據公司既要懂客戶也要懂點兒技術，還要能出方案——和當年做ＣＲＭ（客戶關係管理）系統，今天做企業平台銷售一樣。這個周邊市場肯定有機會。

農村包圍城市戰略

中國非常大，在一線市做過的事，完全可以在二、三線城市繼續再做一遍，然後是四、五線城市。原來培訓領域裡的大師們，這段時間被小鮮肉和知識網紅代替了，他們去哪兒了？他們奔波於二、三線城市，收入比之前還高，因為有更大的空間。

不知不覺，你不一定會買的安踏產品在二、三線城市的市場銷售額已經超過六百億元，是全球第五大運動品牌。

中國最近的「一帶一路」戰略，也在從過去的環太平洋戰場轉身向西，發掘新市場的機會，在這個領域我們是毫無疑問的第一。

高手只做那些高價值且有優勢的事。

如果沒有優勢，就先轉移到二線戰場積累優勢，然後重返一線戰場頭部。頭部效應就是從一個頭部到更大的頭部，從一個成功走向另一個成功。頭部效應是成長的定位武器，而過程中的每一個判斷都是逆人性的，痛苦作決策是成為高手的必要歷練。

專注：高手的護城河

恭喜你！如果你已找到可進入的頭部，證明了你的戰略眼光，並且享受到了頭部紅利，那麼你的優秀一定會引來很多追隨和模仿者。接下來，做為一個高手，你該如何保持優勢，修建自己的護城河呢？

答案很簡單：專注。但做起來依然很難，因為逆人性。

專注、專注、專注，即使這個詞被反覆提及，依然沒有獲得足夠多的關注。多執行緒運營讓你焦慮，單執行緒讓你寧靜；想未來會讓你焦慮，一心一意地專注於當下最有力量……這只是戰術上的專注。

這些話題還都未觸及「戰略性專注」的優勢，不是短期專注當下或者專注做一件事不分心，而是長期盯著一件事情來做，一直把事情做絕的專注。對弱者來說，專注是最好的進攻策略；對強者來說，專注是最好的防守策略。為了體現這種專注的威力，我們用一個簡單的計算模擬來呈現。

假設有兩支軍隊。紅軍一千人，藍軍五百人，雙方火力相同，同時開槍。假設命中率分別是一〇%、二〇%、三〇%，問：

1.當藍軍全部被殲滅時，紅軍分別還剩多少人？

2.火力和失敗速度有什麼關係？

結論出來了，命中率分別是一〇%、二〇%、三〇%，在藍軍五百人全部被殲滅的情況下，紅軍分別剩餘八百四十人、八百一十六人、七百九十人。可見命中率越高，優勢方損失越大。

1.軍力優勢方很占便宜。最多用二百一十人，就能滅掉對方五百人；

2.武器殺傷力越大，弱者越占便宜。

所以超級大國美國也會怕小國的核彈，核彈這種威力量級，雙方都只有兩次打擊機會。各種科技發明，讓普通人面對強者和大型組織有了更強的殺傷力，科技是弱者的福音。

而集中兵力、專注的優勢，還是被低估了。

一個人的時間和精力，就是他的兵力。一個人的智商和情商，就是他的火力。想像一個聰明人，精力是別人的兩倍，智商是別人的兩倍，這夠厲害了吧。但一旦這個人分兵三個目標，他就馬上會在這三個領域分別被三個綜合能力不如他的選手擊敗。

這就是聰明人的最大詛咒——貪婪而不專注。

為什麼專注這麼難？

因為越是聰明人，眼界越開闊，面臨的機會越多，可能越多，領域越多，一做就有小成，輕鬆殲滅低級選手，更加覺得自己厲害，所以越發不專注。**上天給你無限的機會，卻只給你有限的時間、精力和才華，所以越是優秀，越要專注。**

對於這種聰明人，真正讓他心塞的不是和自己勢均力敵的高手大戰後失敗，而是在三個戰場被三個低級選手默默幹死。你不怕死，怕不怕噁心？

太多的聰明人死於不專注，而專注恰恰是高手的第一條護城河。

我見過很多人在多個領域都玩得很轉，其實他們反覆使用的是同一套心法和能力，比如劉軒寫書、演講、做ＤＪ（打碟）；後面談到的杜拉克同時在好幾個領域諮詢、教書、寫作……這種人我服。但是我從未見過在不同領域用不同能力成為

專注

在公眾號「古典古少俠」（ID: gudian515）中，輸入「專注」，下載一張我自己一直在用的專注卡片，它是我最簡單的保持專注的方法。

各領域第一的人。如果你說這叫斜槓，那我不相信有斜槓這種事。

所以，三流高手靠努力，二流高手靠技藝，一流高手靠專注。做更少但是更好的事。當一個人已經站到了優勢位置，只要保持專注節制，就不會輸。銷量最大的蘋果手機，恰恰是機型最少的一個品牌。

君子不爭，「故天下無與之爭」。

專注是一種防守之道，接下來我們談談高手的進攻方式。

反覆運算：聰明人的笨功夫

李昌鎬：只求五一%的效率

下圍棋的人都知道韓國棋手李昌鎬，他十六歲就奪得世界冠軍，被認為是當代僅次於吳清源的棋手，巔峰時期橫掃中日韓三國棋手，號稱「石佛」，是圍棋界一等一高手。

李昌鎬下棋的最大特點，就是——很少有妙手。

妙手就是指圍棋中精妙的下法，有時候，一著妙手或解開困境，或扭轉敗局，甚至可一子制勝。《天龍八部》裡虛竹隨手破解珍瓏棋局，就是一個妙手，幫他扭轉人生，成為武林中內力最深厚之人。厲害如李昌鎬，為什麼沒有妙手？

一名記者曾問他這個問題，他憋了很久說：「我從不追求妙手。」

「為什麼？妙手可是最高效率的棋啊！」

「……每手棋，我只求五一%的效率。」

記者愣住了，只求五一%的效率？眾所周知，棋子效率越高越占優勢，高效行棋，自古以來就是棋手追求的目標。

李昌鎬又說：「我從來不想一舉擊潰對手。」

記者再追問，他沉默了。

為什麼世界第一的棋手，每子只追求五一%的效率？

五一%的效率足夠贏了

職業圍棋選手之間，即使有段位之差，勝負也只是在二、三目之間。一般的圍棋有二百～三百手，每手五一%的效率，即是有一半以上的成功率，一百五十手五一%的效率累積到最後也會穩拿勝券。李昌鎬最使對手們頭痛的恰恰就是「半目勝」，一局棋幾百手，最後清盤——贏半目。

那妙手不是更好嗎？

不。思考下，到底是下出五一%的穩定手（不是術語，我編的）機率高，還是下出一〇〇%妙手的機率高？

妙手很美，在另一個角度看則是陷阱。人追求一擊致命的時候，正是自己最不冷靜的時候，成功了不免沾沾自喜，失敗了心神搖晃，下一步最容易一腳踩空。全力之後，必有鬆懈；大明之後，必有大暗。

反倒是五一%，每次都穩穩當當，日拱一卒，最後準贏。

妙手有個重大缺陷：不能反覆運算，無法刻意練習

因為每一次環節都不同，所以每次妙手都是心電一閃的靈感，這樣你永遠無法打磨手藝，只能「等靈感來」，哪一天靈感用完，生涯也就走完了。

靈感沒法刻意練習，沒法打磨手藝。**靈感沒有護城河。**

有人問郭德綱，您這講相聲，萬一有一天江郎才盡怎麼辦？郭德綱說：我們講相聲，學的是技術，練的是手藝啊。這和炸油條一樣，一個炸油條的會擔心自己江郎才盡嗎？把相聲當手藝，不當才氣，才氣會盡，手藝只會越來越精進。

許多作者第一本書寫得好，之後就再無佳作；有些樂隊的第一張專輯驚為天人，後來卻每況愈下。還有很多藝術家要借助毒品尋找靈感，他們總覺得自己缺乏靈感，其實是缺少能打磨的一門手藝。

反觀李宗盛、周杰倫這種詞曲創作出身的歌手，因為原來就需要大量生產音樂，沒法靠靈感，反而得以持續出新，歌壇長青。

我們總熱愛討論誰「靈氣十足」，有「機靈勁兒」。長久看下來，這類型的人最容易生涯發展跳崖——要警惕啊，這些詞其實是用來罵你的。

因為聰明沒有護城河。

李昌鎬的「圍棋十訣」中第一條就是，不得貪勝。

玩德州撲克的人——據說德州撲克是最接近真實人生的一種博弈遊戲——常有

這種體驗。新手最常犯的錯誤就是把錢押在中等的牌上，最後總是比別人差一點，幾次下來就輸光了。老手要是沒有好牌就一直喊過，一旦遇到機會全部押進。

「不得貪勝」也是一個被極度低估的道理。各行各業高手一次次的重複，但還是因為太普通，沒有獲得應得的注意力——新手都謀求一把翻盤，但是高手都玩持續反覆運算。

因為**新手看勝負，高手看機率**。高手知道，所有的大勝都是細小優勢的持續反覆運算形成的。

曾國藩：結硬寨，打呆仗

李昌鎬的絕招是五一%哲學。而晚清名臣曾國藩稱這種戰略為「結硬寨，打呆仗」。

曾國藩一生分為三段：第一段是文人生涯，從六歲讀書到二十七歲中進士，一直做到大學士，是當時的學術領袖；第二段是軍人生涯，太平天國運動中，自己組建湘軍，纏鬥十三年，愣是把懸崖邊上的大清王朝拉了回來續了命；第三段是引入西方科學文化。他組織建造了中國第一艘輪船，建立了第一所兵工學堂，引入第一批西方書籍，送出去第一批留美學生（留學培訓行業可不拜關公，而拜曾國藩）。

前後兩段都是文人的事，但一介書生怎麼戰勝當時戰鬥力爆裂的太平軍，這是個有趣的戰略研究。

曾國藩打仗的心法就是「守拙」，不取巧，不搞四兩撥千斤。他不懂兵法，於是就用最笨的辦法「結硬寨，打呆仗」。

什麼叫作「結硬寨」？

比如說今天一個湘軍首領接到任務：「命爾領軍十萬，速速拿下南京城！」這個首領跑到南京城下，不進攻，先紮營：勘探地形，最好是背山靠水。之後無論寒雨，立即修牆挖壕，且限一個時辰內完成。牆高八尺厚一尺，用草坯土塊築成。壕溝深一尺，以防步兵，壕溝挖出來的土必須要搬到兩丈以外，防止敵人用挖出來的土回填。壕溝外是花籬，花籬要高五尺，其中兩尺埋入土中，花籬有兩層或三層，用來防馬隊。

看，這還沒有進攻呢，三防都做好了。這就是「結硬寨」，湘軍本來執行的是進攻命令，但他們把進攻轉變成了防守。

「結硬寨」的打法搞得太平軍很痛苦。說實話，太平軍算是清末驍勇能戰的部隊了，但是碰到這種打法，一點兒招都沒有。

你這裡一腔熱血，王者榮耀，希望跟湘軍來一場酣暢淋漓的大戰——你我大戰三百回合，一決生死！

一看人家湘軍，埋著頭呼哧呼哧挖坑呢，勤勞的小汗珠掛一臉，根本不準備和你一決生死。一旦進攻過來，就一輪火槍給你打退下去。一看你不進攻了，繼續挖坑。

紮一天營就挖一天的坑，慢慢往前拱。所以湘軍攻打一個城市，不是諸葛亮那種一天兩天智取豪奪，而是用一年兩年，不停地挖溝。一道加一道，圓圈套圓圈。一直到城市彈盡糧絕，然後輕鬆克之。這種打法就是微小優勢的持續反覆運算，用時髦的話說，就是做時間的朋友。

打武昌，胡林翼挖了一年溝；打安慶，曾國荃挖了五個月。要看哪個城市是湘軍打下來的特容易，整個城外地貌都變了。

湘軍與太平軍糾鬥十三年，除了攻武昌等少數幾次有超過三千人的傷亡，其他時候，幾乎都是以極小的傷亡，獲得戰爭勝利，這就靠曾國藩六字戰法的後三字：**打呆仗**。

《孫子兵法》中說「先為不可勝，以待敵之可勝」。所謂「結硬寨，打呆仗」，簡而言之，就是先占據不敗之地，然後慢慢獲得細小優勢，和李昌鎬的五一％哲學異曲同工。

阿蒙森：日行二十英里

史丹佛大學商學院教授柯林斯在其著作《選擇卓越》裡，思考了一個問題：什麼是卓越公司，這些公司的基因有什麼不同？

以二〇〇二年為基點，柯林斯往前回溯了三十年，在二萬零四百家樣本中最終選出了七家公司。這七家公司連續十五年市值增長是同行業的十倍，有的甚至超過百倍。這本書開始分析了很多「十倍速」公司的基因。柯林斯講了很多故事，其中我印象最深刻的，就是「日行二十英里」。

由於北極點在一九〇九年被美國人拿下，一九一一年十月，有兩位探險家同時瞄準了南極點這個處女地。一位是挪威的阿蒙森，一位是俄羅斯的斯科特。他們同時分兩路出發，競爭第一個到達南極點的榮譽。當年十二月十五日，阿蒙森成功地把挪威國旗插在了南極點。而斯科特探險隊的五名成員在探險途中不幸全部遇難。

你願意做阿蒙森，還是斯科特？

兩者有很多差異，但是柯林斯專門提到一個：在整個探險過程中，阿蒙森一直堅持持續推進的原則。在天氣好時絕不會走得太遠，以免筋疲力盡；在遭遇惡劣天氣時，也堅持前進，保持進度。他把探險隊每日的行程控制在十五～二十英里（約二十四～三十二千公尺）。

另外一隊則完全相反，在天氣好時，斯科特讓隊員們全力以赴，而在天氣不好時，則躲在帳篷裡抱怨鬼天氣。

為什麼「日行二十英里」如此重要？柯林斯的總結是：

1.在逆境中，讓你對自己的能力保持信心；

2.在遭遇破壞性打擊時，讓你減少災難發生的可能；

3.在失控的環境中，讓你保持自製力。

好天氣帶來的「暴利」破壞的不僅是你的自製力，更重要的是你的心態和預期，帶著這樣的僥倖心理進入嚴酷的南極雪地，根本沒有生存的餘地。

要充分意識到，**妙手是成為高手的最大障礙，反覆運算的手藝才是正途。**

極品的妙手，就是看破妙手的誘惑後，落下的平凡一子。一個看清楚自己在反覆運算什麼的人，就找到了自己的護城河。在當今社會，只要你願意用時間打磨一門手藝，就會有自己的護城河。

「石佛」李昌鎬，大學士曾國藩，探險家阿蒙森，肯定都理解這個道理——選定頭部以後，就專注地深究。**專注讓你無敵，反覆運算讓你精進。**除非自己犯錯，或者內部瓦解，沒有力量能讓你離開頭部。

他們理解**弱小優勢持續反覆運算而產生的強大力量**——安靜等待那半目輸贏。

好的成功是聰明人花的笨功夫。

只做頭部，不得貪勝

- 今天是一個機會更多、機率更小的世界。戰略能力就是找到那些「更少但是更好」的事。
- 好戰略就是達成「投入和產出的非線性」。
- 冪律分布的特徵是高度不平均且分形，這意味著每件事都要找到槓桿點。
- 頭部=高價值×高優勢；搶占頭部、持續反覆運算。
- 頭部效應三原則：從價值而非優勢出發；思考差異化優勢；從最近的頭部做起，從雞頭變成鳳頭。
- 專注是高手的護城河，先占據不敗之地，然後慢慢獲得細小優勢。
- 持續反覆運算，系統性進步；不求妙手，不得貪勝。

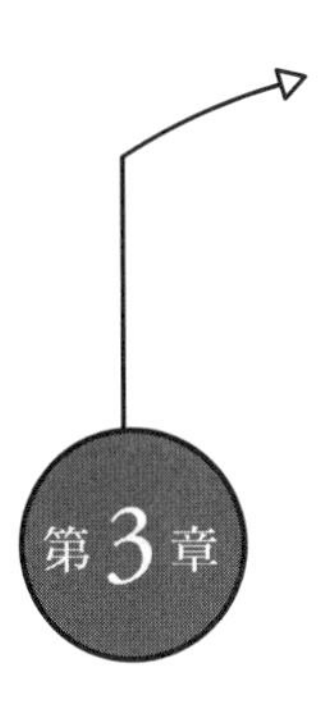

連線學習

找到知識源頭，提升認知效率

在知識爆炸、終身學習時代，
人與人之間比拚的不是學與不學，而是認知效率。
學習前，想明白學什麼、怎麼學、有什麼用和如何兌現。

功利學習法：學得更好，卻學得更少

識別知識的源頭

王小波講過一個笑話：

「二戰」時將軍視察前線，看到一個新兵很緊張，於是給他一塊口香糖。

「好點了嗎？」將軍問。

「好多了，長官。不過這口香糖為什麼沒味道？」士兵問。

「因為我嚼過了。」將軍說。

我們身邊有很多「嚼過的口香糖」資訊——在朋友圈、QQ（騰訊開發的即時通信軟體）空間、微博等社群裡轉發的各種內容和資訊，書架上各種名人、朋友推薦的書籍，各種二三四手資訊不計其數。

面對知識焦慮，這些資訊「口香糖」的確讓你鎮定了點兒，而且怕你覺得無味，還加入了大量「麻辣」、「雞精」、「味精」、GIF（影像檔格式）動圖和美女照片起味兒，但是當你吃慣這些，就永遠沒法享受真正的優質知識的味道了。

因為你沒法找到知識的源頭了。

我曾在西藏望見過長江的源頭，很難想像在上海看到的浩浩蕩蕩如大海的長江，源頭這麼細，好像我躺下就能攔住一樣。

知識源頭，就像河流的源頭一樣，是知識發源的地方，是知識剛剛被創造出來的地方。源頭的知識濃度和品質極高，有豐富的底層邏輯和基礎概念。順流而下，離源頭越遠，支流越多，混入的雜質也就越多。當一份知識摻入了太多雜質時，恐怕只能勾兌成雞湯了。

在我看來，現在我們獲取的知識絕大多數都是二三四手資訊，因為很多人已經失去了鑑別一手資訊的能力。這也是我們認知效率低下的原因。

一手訊息：知識的源頭

一九七三年，諾貝爾獎得主赫伯特・西蒙（Herbert Simon）與威廉・蔡斯（William Chase）合作發表了一篇對比國際象棋大師與新手的論文，首次提出專業技能習得的「十年定律」。他們發現，國際象棋大師的長時記憶中有五萬～十萬個棋局組塊，並推測這需要花十年才能獲得。

一九七六年，埃里克森基於西蒙的研究成果，進一步拓展了針對國際象棋大師的研究，並且和西蒙合作發表論文。

一九九三年，埃里克森與另外兩位同事克朗培、泰施羅默基於大量的研究，發表了一篇論文《刻意練習在專業獲得中的作用》。這是一手資訊。

二手訊息：忠實轉述一手資訊

二〇一六年，上述論文第一作者埃里克森發現自己的理念被誤讀，於是出了本書《刻意練習》。埃里克森在書中強調，並無一個確定的時間門檻讓人成為大師。不少網路公司創始人專業技能的習得不是花了一萬小時。在本書中，埃里克森使用的數據也非「一萬小時定律」。從事音樂學習的學生在十八歲之前，花在小提琴上的訓練時間平均為三千四百二十小時，而優異的小提琴學生平均練習時間是五千三百零一小時，最傑出的小提琴學生則平均練習了七千四百零一小時。

而且刻意練習還和天賦、練習方式高度相關。低水準的勤奮練習多少小時都沒戲。

二〇一六年十一月，學習專家愛德華多・布里塞尼奥在ＴＥＤ[6]上發表了「如何在你關心的事上表現更佳？」（How to Get Better at the Things You Care About?）的演講，也重複了這個觀點。

這些書和演講，算是二手資訊。

三手訊息：為傳播而簡化和極端化觀點的陳述

有個叫瑪律科姆．格拉德威爾的人讀了埃里克森一九九三年發表的論文，沒有提「刻意練習」這個主概念，只是抓取出來一個「一萬小時定律」，寫成一本非常著名的書《異類》，一時風靡全球，估計你沒讀過也聽人說過。在書中，他充滿激情地表達：

人們眼中的天才之所以卓越非凡，並非因為天資超人，而是付出了持續不斷的努力。只要經過一萬小時的錘鍊，任何人都能從平凡變成超凡。

努力是卓越的必要條件無庸置疑，但一萬小時並不是成功的真實路徑。這是三手資訊。

四手訊息：出於各種動機、充滿個人經驗的情緒化表達

有無數公眾號、人生導師、培訓師和勵志作者，基於自己的經驗解讀「一萬

6. 編按：TED，即技術（technology）、娛樂（entertainment）和設計（design）的英文字首縮寫，是美國的一家私有非營利性機構。

小時定律」，告訴你任何人只要努力都能成為一個領域的大師，然後推銷自己的方式。

成長之旅、一萬小時的訣竅、一萬小時的工具和方法，以及感人的故事，這是第四手資訊。

現在你檢索一下，你在一二三四手資訊裡分別花費了多少時間？

其實如果你能有英語四級水準，再配合谷歌翻譯，基本上一小時就能讀完那篇屬於一手資訊的論文，四小時讀完《刻意練習》或者《異類》，不過顯然後者含金量更低，但閱讀獎賞更高。大部人會被忽悠學習第四手資訊，搞不好還真的盲目實踐，花去了一百個小時。

這就是認知效率的差距。

「真傳一句話，假傳萬卷書」，講的就是這個意思。

知識的源頭探測儀

能辨別和找到知識源頭

知識的源頭是站在人類認知邊緣，研究、思考和驗證的人。他們的一些新鮮的思考，在腦子裡、筆記本上，還未進行詳細加工，但是新鮮熱辣。一些知識經過系統化，成為專業期刊上發表的論文，或者圈內人互相討論的內容。

- 一手研究論文，行業的學術期刊，行業最新數據包告；
- 行業菁英的最新溝通和思考，通過談話獲得。

二手知識含金量很高，忠實轉述，但是有清晰的論據和出處。

- 名校的教科書，MOOC（慕課）裡推薦的一手材料，維基百科；
- 中立協力廠商的行業調查報告；
- 講述底層邏輯、思考品質比較高、略微難懂的書和文章，比如《國富論》、《窮查理寶典》、《決策與判斷》等；
- 各行業領軍人物、行業菁英推薦的書單、豆列，以及在自己公眾號發的文章。

三手知識是暢銷書，這些文字已經被改成公眾可以理解、方便傳播的文字，但是因為大眾的認知能力較低，所以加入了大量的案例、故事以及不精確的概念。

四手知識是你常看到的：根據這些暢銷書和理論，大部分人寫了很多基於個人體驗的雞湯，加入了太多個人故事（比如，《我是如何一個小時掙到二百萬的》）或者情緒因素（比如，《看懂這個不轉就不是中國人》）。講一個觀點，灌你無數「雞精」。大部分公眾號、頭條都屬於此類。

跟隨知識源頭的人

如果你實在來不及看這些內容，記得跟隨站在知識源頭的人。因為他們是面對源頭的，如果他們還比較會表達，那就真的是幸運了。

在我看來，「得到」專欄的作者、最近爆紅的知識紅人，都是這樣的人，尤其像卓老闆、萬維鋼、姚笛這些人。他們一個站在科技鏈條源頭，一個站在優質圖書源頭，一個站在創業前線，表述相當忠實和清晰。

如果你同時訂閱幾個專欄，很容易發現這些作者用不同語言在講同一個道理。這個時候看留言，就看出不同人的心智水準了。心智水準比較低的人會說：「你這個萬維鋼講過，沒意思。」心智水準比較高的人會意識到：「你這個×××也這麼說，有意思。」後面的人意識到，源頭總是聚合的、統一的，而不是各自不同的，這才是精華。多看幾遍、多幾個層次、多幾個角度，比給你看另一篇一點兒破事講一堆的文章好很多，效率也更高。

成為知識的源頭

這個有點兒難度。我們在談如何輸出知識的時候再說。

所以在知識爆炸的年代，最好的方式是**辨別一二三四手資訊，走向知識的源頭，並與那些人站在一起。總有一天，你也會成為創造知識的人。**

朱熹說：「問渠哪得清如許，為有源頭活水來。」只要站在源頭，你就永遠是最新的。

功利讀書法

一二三四手知識解決了讀什麼的問題，接下來談談「如何讀」。我把這套讀書方法叫作「功利讀書法」。

你肯定已經意識到了，雖然我們區分了一二三四手知識，但在一個資訊爆炸的時代，知識早就多到學不完。

但是那些菁英們，比如吳伯凡老師，他做《冬吳相對論》（一檔脫口秀音訊節目）的時候連稿子都沒有，坐下來就出口成章。這些菁英好像總是在讀海量的書，聊一些你完全不懂的概念。同樣是二十四小時，為什麼差距那麼大？

時常也有人問我，你每天到底拿多少時間讀書？

其實這不是一個時間管理問題，而是個認知效率問題。

比如你問一個人：

平時該幹什麼？

大家都學，比較慌，不如學學英語吧。

為什麼學？

這個未來有一天總會有用的。

但是就沒有什麼明天馬上有用的嗎？

他就回答不上來了。

他根本沒想過為什麼學、要學什麼。

我們從小聽到的最多的一句話是，「怎麼又在玩，沒有讀書啊？」而你只要一讀書，不管有多慢、讀什麼書，大人就不打擾你了，久而久之，很容易形成一個概念：學習總沒錯。

這個思路是錯的。在知識匱乏、非終身學習年代，學肯定比不學好；但是在今天知識爆炸、終身學習的時代，「為什麼」（why）、「學什麼」（what）、「如何學」（how），比「學就好了」（do）更重要。

介紹一個概念**「認知效率」**：**認知**

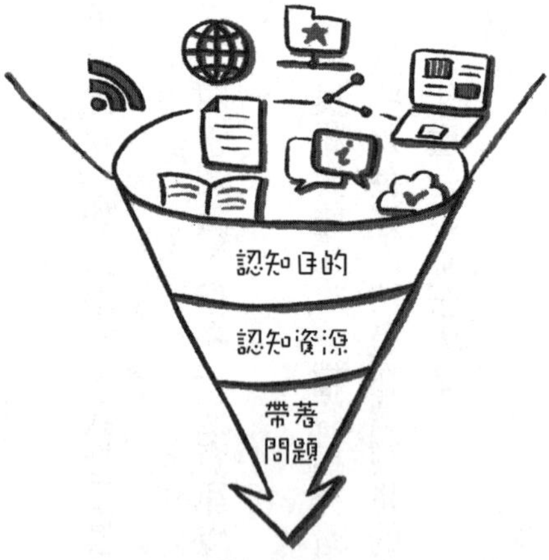

認知目的
認知資源
帶著問題

功利讀書法

收益和時間精力之比。

同樣的認知資源投入，會有完全不同的回報，這就是認知效率的不同。認知效率低的人，都在做低水準的勤奮。菁英的真正秘訣是在最精華的資源上，以高很多倍的認知資源來學習，認知效率是你的很多倍。高手的技術就是「投入產出的非線性」。

提高認知效率最有效的工具就是**「極強的目的性」**，我稱之為**功利讀書法**。

極其功利地少讀書

一個新知什麼時候習得效率最高？

認知心理學認為，成人學習有三個前提要求的時候效率最高，即**有目標導向**、**有即時回饋**、**最近發展區**[7]。簡單地說，能解決當下問題的、學了有地方用的、難度適中的知識最有效。

為什麼在國內學個英語口語十二年都學不好，丟到國外三個月就能交流了？因為在國外，交流是剛性需求，有地方練習，老外對你的發音很寬容，難度適中。這

7. 編按：技維果斯基的「最近發展區理論」，認為學生的發展有兩種水平：一種是學生的現有水平，指獨立活動時所能達到的解決問題的水平；另一種是學生可能的發展水平，也就是通過教學所獲得的潛力。兩者之間的差異就是最近發展區。

種時候三個條件都具備，效率就高，學得就快。

所以你反過來也能理解，為什麼刷那些「管理者必讀的××本書」的書單，對你意義不大，因為這些認知資源的目的性弱，缺乏實踐環境，且難度不一。

那些標題黨的微信文章，比如〈不看這篇文章，錯過了一個億〉，更是憑空造出了一個「需要解決的問題」。你思考一下，即使你真的遇到了能讓你獲得一個億的方式，這是你當前的問題嗎？這是你當前的水準嗎？這是你學了就能用的東西嗎？

我已經關掉朋友圈功能一個多月了，並沒有錯過身邊任何值得學習的東西，因為我**學習的東西是極其功利的**——從遇到的問題出發，從我能實踐的領域出發去找合適的認知材料。

這樣一來，讀的東西會少很多，基本解決了知識太多的問題。

極其功利地配置資源

《如何閱讀一本書》中，給閱讀做了幾個分類：娛樂性的、知識性的和心智提升類的。如果拿爬山來做比較，娛樂性的是下坡，越走越舒服；知識性的是平地，能開動，但是略微費力；心智提升類的是爬坡，看起來會很累，但是真的會提升腦力和理解力，重新理解新觀點會很快，也就是我們說的，學習力增強了。

很多人天天學習，學習力卻沒有什麼提升。隨著年齡增長，自己的腦力體力下降，於是覺得「年齡大了，腦子不好使了」，就是這個緣故。因為他主要的認知是娛樂性和知識性的——你哪怕讀一輩子報紙，也不會增強學習力。

很多人給我留言，要我說人話！其實真正提升你的東西，並不會讓你那麼舒服的。

學習也是一樣，**你可以根據認知目的不同，設定不同的目標，分配不同的資源。**比如說我自己這個月的認知資源配置：

認知性閱讀：《人類的群星閃耀時》、《反脆弱》等書的寫作技巧，為寫書做準備。

提升心智的認知難度很大，屬於「攻讀」，需要有大段的時間和系統的閱讀，我一般放在早上或夜深。最好還要配置高人討論以及實踐的環境。我找到了業內最好的編輯和作者，一起討論如何寫好有衝擊力的書。

知識性閱讀：各種行業調查報告、行業論壇，大量專業書籍，如《人生設計》、《生涯混沌理論》、《認識電影》、《精準學習》。

知識性閱讀的目標就是知道某事，所以特別適合碎片化學習和社交型學習。認知資源可以配置在上下班路上，用碎片化時間檢索式地閱讀，實在不行拜託別人讀，然後交流。讀的時候迅速判斷是不是有用的知識，決定自己的涉入深度。

娛樂性閱讀：比如《愛情劊子手》、《理想的下午》，以及各種電影……

娛樂性閱讀主要用來放鬆和陶冶，認知資源可以很低，累的時候翻幾頁，比如兩次談事之間讀，有換腦子的感覺。

最好的書是三者兼有，不同時間能讀出來不同功能的。比如說彼得・杜拉克的《旁觀者》、《卓有成效的管理者》，史蒂芬・柯維的《高效能人士的七個習慣》，羅伯特・清崎和莎倫・萊希特合著的《窮爸爸富爸爸》，文學作品中的《紅樓夢》。

所以，一定要強忍住買書的欲望，**極其功利地分配資源——從你自己的需求開始，區分三種閱讀，設定目標，分配資源。**

不要從第一頁開始讀書

最愚蠢的方式，就是直接找一本書打開第一頁，然後往下讀。

你旅行的時候，會和出車站見到的第一個人一直聊天，希望能找到這個城市裡最有趣好玩的景點嗎？顯然不會。你可能會看看地圖，找到幾個地方，然後叫車直接過去。

但是我們經常就這樣學習，從第一頁直接開始讀，希望能學到有用的東西。

更好的方法是先選書——先看書評，中文的看豆瓣，英文的看國外亞馬遜的評論，一般很有用。平行比較幾本書，選擇一本。

然後再看目錄，一般的購書網站都有。大概知道書的內容和框架，有時候有趣的序也值得一讀。

最後再看具體章節。直接切入重要的章節，系統學習則從目錄開始看。

這樣的確會用大概十五分鐘時間來選書，但是比起你在一本無用的書上花好幾個小時，是不是認知效率提升多了？

有人會說，從第一頁開始讀不是更加系統嗎？

第一，如果你腦子裡面沒有框架，看完全書也不可能有框架。如果把系統比作大象，你的認知和記憶區間是手掌，僅憑直線型地看書希望摸出系統就如盲人摸象，如果你腦子裡沒有全圖，增加再多細節也沒有用。

第二，也許你並沒有配置更加系統的認知資源和時間，很多書半途而廢，可能更加不系統。

極其功利地讀書，按需分配地讀書，不從第一頁開始讀書，有了目的性、認知資源以及帶著問題讀的三個篩子，要讀的書應該會少七五％，閱讀速度至少會提升一倍，那樣就不會有太多知識煩擾你了。

為什麼很多人做不來？

因為人的大腦是一個認知吝嗇鬼，我們本能地選擇最簡單、最不耗腦子的方式，那就是拿起一本大家都在看的書說：「讀點兒書總沒有錯，大家都在讀。」像巴夫洛夫的狗一樣尋求閱讀獎賞。

而功利的讀書法在獲得閱讀獎賞之前選擇了延遲滿足——先找到目標，調整好資源，帶著問題進入。就這三步，就讓你跑贏九〇％的人。

好的方法，都是逆人性的。

萃取知識晶體

如果你知道學什麼，也知道如何學，那麼最後需要知道的，就是如何在需要的時候調取知識。

什麼是努力學習又學不好？你看是不是這樣：

書到用時方恨少，話到嘴邊沒地兒找，別人一說都看過；

只好感嘆，你講得真好。

唉，我是不是長了個假腦子啊。

我們今天來談談如何有效地調取知識。

先來談一個學習中非常重要的概念——**知識晶體**。

一張銀行卡，你存進去再多，如果不知道提取密碼，就沒法提現；知識也是一樣。知識晶體就是知識的提取密碼。大部分人學了很多，卻因為不知道這個概念，沒法提現，非常可惜。反過來說，有很多人學習上投入不大，只是特別擅長整理和結晶，也就是能從眾多散亂的知識裡拿出不錯的產品。知識晶體是整個學習中最關鍵的一環。

我們都知道，石墨和鑽石都由相同的碳原子組成，只不過鑽石的碳原子之間形成了非常穩定的六面體晶體結構，這也是鑽石是已知自然界最堅硬的物質的原因。鑽石的硬度，來源於它的結構。

另一個例子是沙子和混凝土，散沙根本抓不住，一使勁兒就散了。但是混入了水泥和石塊，這些東西之間形成結晶，散亂的沙子就能夠建起高樓。

知識也是一樣，知識量和知識點之間的架構非常重要。如果知識點之間能夠形成穩定的架構，知識就形成一種「知識晶體」[8]。知識從散裝變成了晶體，就變得不容易磨損，強度很大，也容易整體提取。

星座就是個特別典型的知識晶體。

滿天星星誰都記不住，古人用自己的想像力把這些相距數千光年的星星連接起來，形成「晶體」（整合知識），然後再給晶體賦予美好的故事（形象化呈現）。只要你受過幾小時訓練，在夏天的晚上認出星星不是難事。

唉，不過今天的北京，受多少小時訓練都沒用，看不著星星了。

知識晶體的多少，也決定了你的專業程度。前文中提到，心理學家西蒙發現國際象棋大師的工作記憶並沒有顯著高於常人，但是他們長時記憶裡有五萬～十萬個

8. 這裡借用《超越智商》一書中斯坦諾維奇提出的「晶體智力」（crystallized intelligence）的概念。

棋局組塊。高手們腦子裡都是一套套的知識晶體。

我遇到過一位一九九〇年出生的小朋友，他就精於此道。雖然大學畢業才三年，他卻已經是日薪十萬元的企業諮詢老手，可以搞定大部分打拚多年的企業家，靠的就是滿肚子的知識晶體。

比如，大家都在談女生生完孩子出來工作，很難做到家庭、事業兩不誤，然後就是一頓抱怨，偶爾有人為了表現講了一、二則金句。他基本會聽一會兒，其實腦子裡在搜索「晶體」，最後他會說：「你們說的這個問題，根據心理學家薩柏的觀點，其實是個人生角色平衡的問題。」

你看，知識量不是重點，讓腦子裡的知識形成多少知識晶體才是知識提取能力的關鍵。如果你看了想不起來，張嘴就忘，明明記得但講不出來，那就**證明你腦子裡沒有知識晶體，只有知識豆腐腦**。

如何讓知識變成知識晶體？下面是四種常見的知識結構：

關聯，樹狀，序列，數據。你可以簡稱為「關書（樹）敘（序）述（數）」——知識晶體有一種讓你關上書本，依然可以敘述的能力。

樹狀結構：體現事物層級、包含關係

樹狀結構其實是人類知識最常見的結晶，所以放在第一位。麻省理工學院計算認知科學實驗室主任喬許用計算類比了迴圈結構、星星結構、方塊結構、鏈條結構

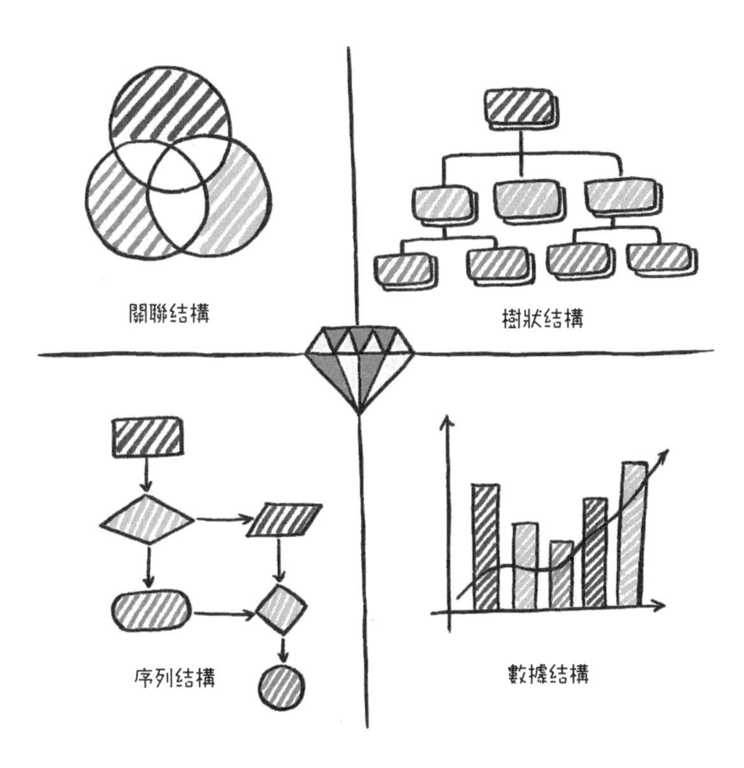

四種知識結構

等，最終用數學方法證明人類最佳的抽象知識結構是樹形結構。

最經典的樹形結構是書的目錄。再比如，知識管理分為知識儲存、知識提取、知識呈現三個部分，是典型的樹形結構。

這些層級用**首字母縮寫的方式呈現**，就變成了常見的××法則，比如SMART法則[9]、發現天賦的SIGN法則[10]。

中文其實叫作口訣法。我在講教學設計的時候提到「金貴十分戀」的口訣，分別代表「進入導語—規則—時間—分享要求—練習開始」。

把知識進行樹狀處理，編成口訣，就是一個好方式。

關聯結構：體現事物相互關係

比如《超級個體》專欄中常常出現的金字塔結構，展現的就是一種「底層為基礎，逐漸升級」的關係，比如馬斯洛的需求層次理論。而漏斗恰恰相反，展示的是「上面不要就漏下來」的關係，比如求職金字塔。

還有典型的四分法，比如我們熟悉的SWOT分析[11]——時間管理的「重要—緊急」四象限，展現的是兩個維度評價的關係。

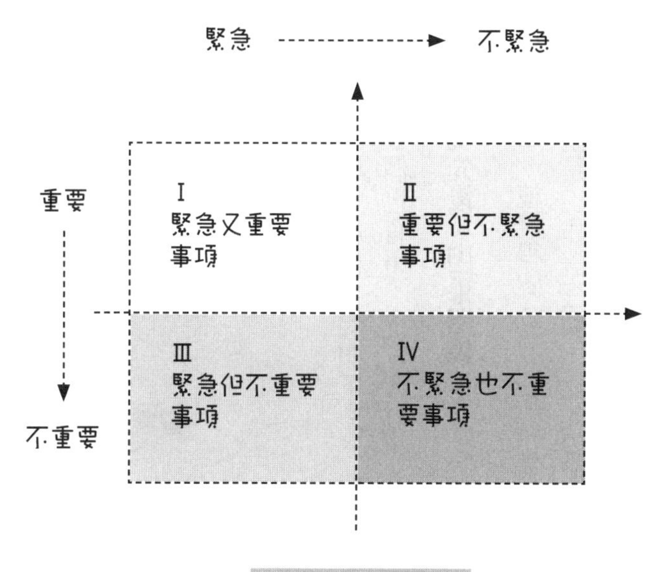

時間管理四象限

9. 編按：SMART法則是彼得·杜拉克提出的目標管理法則，五個字母分別表示：目標必須具體的（specific）、可衡量的（measurable）、可達到的（attainable），和其他目標具有相關性的（relevant）、有明確的截止期限的（time-based）。

10. 編按：發現天賦的SIGN法則包含四大特徵：自我效能（self-efficacy）、本能（instinct）、成長與專注（growth）和滿足（needs）。

11. 編按：SWOT分析也叫態勢分析法，其中S（strengths）是優勢、W（weaknesses）是劣態、O（opportunities）是機會、T（threats）是威脅，從而將公司的戰略與公司內部資源、外部環境有機地結合起來。

再給大家看一個好玩的圖，展現出更有趣的三個元素兩兩重疊的關係。

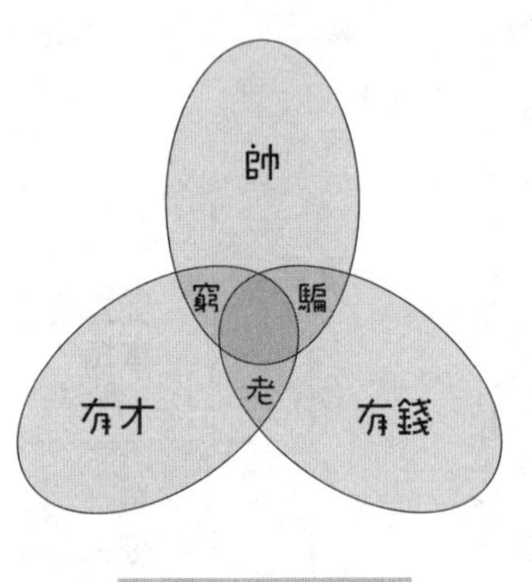

好男人在哪裡？

公式也是關聯式結構，比如$E=mc^2$，展現的是能量、品質和光速的關係。這個公式我們也有用：定位＝行業×企業×職位。

序列關係：體現先後、因果關係

序列關係是一種流程圖式的知識結構，用來展現事情的前後、因果和邏輯關係。最常見的就是工作流程圖，比如說明書的步驟指南（第一步，第二步，然後是第三步）。再比如我提到的「不從第一頁開始讀書」就是典型的序列關係：找書——目錄——章節。

一件事從上到下全做完才算完。

這些都是典型的因果結構。

數據結構：體現數量差異關係

最後一種知識結構是數據結構。平時常見的柱狀圖、圓形圖、增長曲線……數據結構圖展示的是事物空間、時間上的差異性，這就不多說了。

有很多知識結構呈現之巧妙，真的是讓人嘆為觀止，本身就自帶美感，比如太極八卦圖。

黑白兩個部分平分秋色，代表陰陽調和、相互依存和平衡。陰魚的眼睛是陽，陽魚的眼睛是陰，再增加一條動態弧線，展現出陰陽的相互依存、相互轉化，對方就是轉化的誘因和方向。這是時間和因果關係。

在太極圖的旁邊，三個連續或者斷開的橫條組合，形成八卦。這八卦兩兩重疊，展現出六十四種不同的卦象。

正如碳原子有清晰的結晶變成鑽石，知識如果沒有穩定的結構，往往會被低估。知識晶體是一種給你的學習內容提純的過程，這並不是一件很容易的事，鑽石的生成過程需要高溫高壓，黃金的提純需要攝氏上千度的高溫。

世界上沒有什麼「只要是金子總會發光」的事。如果不經過提煉，含金量高的金子和普通石頭沒有什麼兩樣，你根本看不出來。你用這麼長時間翻查了許多知識，相當於在家裡堆了一堆礦石，請務必把它們萃取出來，成為晶體。

工具箱 知識晶體萃取

大量看知識晶體

不僅要看，還要每次思考這個模型希望表達的關係。這一點我們《超級個體》專欄的訂閱用戶特幸運。我是個知識晶體控——每章節最後的導圖、每個插圖，都是一個知識晶體。《超級個體》專欄的內容更是每天都有一張知識晶體圖。

嘗試模仿知識晶體

看了一個模型，不妨憑記憶自己先畫一遍，更好的方法是給別人講一遍。然後看看和原來的結構有什麼區別，找到差距再調整。因為你的知識結構不同，呈現出來的方法、模式都會有所不同，時間一長，你腦子裡的模組足夠多，知識自動就按照模型存放了。

自己創造知識晶體

知道了知識晶體萃取的重要性，你是否可以嘗試構建自己的知識晶體？

1.最初級的是列表式的：「關於……的五個技巧」。

好一點的晶體就有了「關書敘述」的結構，比如說時間管理矩陣、擇業流程圖、利潤率分析表。這些晶體拿出來已經自成體系，比起你那些零零碎碎的觀點值錢不少。

2.更好的知識晶體則可以隱喻，這樣都能完成從理性回歸感性，更好地傳播，比如生涯彩虹圖，把生涯比作彩虹，而把不同角色比作彩虹的顏色。

而職業生涯三葉草模型很形象地說明了一個好的職業，興趣、能力、價值三者互相強化的關係，以及互動迴圈的關係。

「ABZ職業計畫」一聽就知道意思：一個好的職業計畫，應該包括正在做的計畫A，一直想做但沒機會做的計畫B，以及萬一出問題墊底的計畫Z。

找到知識源頭、極其功利地讀書、萃取知識晶體，這就是提高認知效率的核心方式。

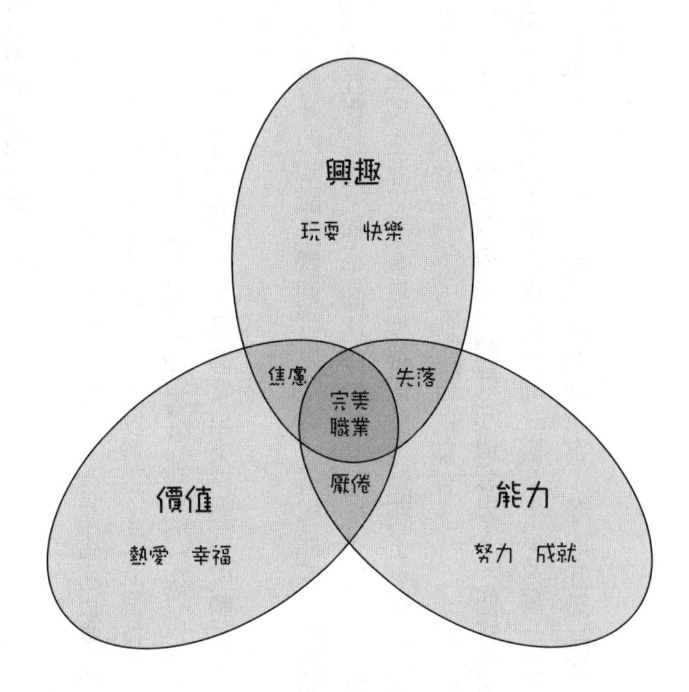

職業生涯三葉草模型

連線學習者：成為知識的路由器

提高認知效率是一條勇猛精進之路，它能讓一個人很快學有所成，獲得值得的回報，成為一個有知識的人。但是真的高手卻不止步於此，他們會看透知識背後的更底層價值——借助規律，放大投入，達成躍遷。

「學五渣」的美國大學申請術

先講一個傳奇故事。一個國內的窮學生（我們叫他「學五渣」），想要報考國外一個菁英導師的研究生，因為這樣能拿到全額獎學金。但我們故事的主人公平時也不太努力，GPA（平均成績點數）不高，在國內讀的大學也不算好，贏不過那些托福、GRE拿高分的人。經人指點後，他決定試試「套瓷」的方式。

申請國外大學不僅僅看成績，也看你整體的學術思維，以及和老師的關係，因為未來老師需要靠你幹活。國內學生對於所謂全額獎學金的理解有偏差——一個美國人對你無欲無求，出錢出力給你讀書？不太可能。全額獎學金其實是全額助學金：助教費或助研費。美國正式的科研人員薪資很高，每年有五萬～八萬美元，而中國學生聽話，要的錢又不多，值得多入手幾個。

言歸正傳，這個學五渣想了一招：他發現這位國外菁英剛出版了一本學術書籍，想找點兒套瓷素材，哪怕提幾個問題呢？無奈拿回來一看，密密麻麻，完全看不懂。

他靈機一動，去找自己化學系的主任：「主任，我最近想做點兒學術研究，在看這本書，其中有幾個問題不懂，您能給我講講嗎？」

化學系主任接過書，心裡微微一顫，這小子可以啊，國際菁英最新著作。系主任那是經過大風大浪的，微微沉吟，輕描淡寫：「好，我現在有課，你明天下午來吧。」

當晚回家，主任書房孤獨的小檯燈亮了一夜。

第二天見面，主任簡單地講了講書的大意。為了表現出水準，說：「當然了，這本書也有一定的局限性，比如說……」學五渣全部認真記下來。幹嘛？準備原封不動地翻譯成英文，發出去啊！不過翻譯也得要理解啊，他搞到凌晨三點，總算翻譯完，發送，睡覺。

親愛的××教授，我是一名來自中國的普通的化學系學生。我在閱讀您的大作，覺得非常專業又有趣……（馬屁，省略幾百字）。下面我冒昧地提出自己一些非常不成熟的見解……（當然，都是照搬化學系主任的原話。）

第三天早上，學五渣收到了回覆郵件。看來海外學術菁英也吃了一驚，大三學生有這個思想深度不容易。他以為自己是當代哈代遇到了拉馬努金[12]，立馬回信，附上自己的一些觀點。

又是一頓狂翻書、狂理解，總算差不多明白菁英在說什麼，於是下午又去找化學系主任。

主任正坐在辦公室裡抽菸，看到他又夾著這本書來，心頭微微得意——不明白我說的是啥吧。

學五渣坐定，掏出書放在桌上，一臉討好，說：「主任啊，我看了您的指點，收益很大。我想了下，有一些自己的觀點不知道對不對……」

於是，你能想到的，他又把學術菁英的話說了一遍……

主任家書房孤獨的小檯燈又亮了一夜。

就這樣來來回回好幾次，直到他順利申請上了這位海外菁英的研究生，同時也謝絕了國內導師的邀請。

也許有人會擔心，這樣的三腳貓功夫，真的可以勝任未來的學術研究嗎？可以的，這位學五渣無意中使用了最有效的學習方式——連線學習，成為知識

12. 編按：拉馬努金是印度史上最著名的數學家之一，沒有受過正規的高等教育，之後被英國三一學院著名的哈代教授發現了他的才能。

的路由器。在來回翻譯信件，不斷地把雙方的語言翻譯成自己的話傳播出去的過程中，他不知不覺地在這個細分領域有了深遠的洞見。這些洞見配合專業知識，讓他短期內實現了巨大飛躍。

李小龍的快速崛起之道

李小龍是第一位在國際舞台上屹立的華人巨星，更是功夫高手。李小龍對於武術界的影響，絕對不僅僅是泰森這種一代拳王對拳壇的影響，他還是一位開創者。他是武術思想家。他把哲學、健身、舞蹈、中國傳統武術、跆拳道、空手道、菲律賓短棍術、柔術等相融合，形成一門獨特的功夫。事實上，功夫的英文「Kong Fu」，就是他創造的。《時代週刊》評選他為二十世紀最偉大的一百人之一。日本則尊稱他為「武之聖者」。

要知道，李小龍剛到美國的時候，十九歲，練習過幾年詠春拳，但也不是最傑出的。而他二十四歲受邀做為嘉賓出席加州長堤國際空手道錦標賽，在唐人街打敗其他中國武術高手時，已然有一代高手風範，其間只用了五年。是什麼讓他在短時間內，在武術思想和造詣上有那麼快的發展？除天賦以外，他是怎麼學習，從而快速成為高手的呢？

李小龍也許是中國武術界第一個連線學習者。當時的武術界相對封閉，一人拜入某個流派，一日為師終身為父，未經允許學別家的功夫就是欺師滅祖，更別說公開傳授了。李小龍沒有這種門派之見，大二開始他就租了個停車場開始教授詠春拳。這吸引了大量的功夫高手，他最早收的兩名學生，一個練習柔道，一個練習空手道。李小龍不僅教授功夫，還教授課堂上剛學到的哲學和心理學，搭建起自己的武術哲學體系。整合了傳統中國武術和西方哲學心理學的這套功夫後，李小龍將其命名為截拳道。這是他傳授給世界的第一個知識模組。

李小龍的截拳道是開放的，宗旨是「以無法為有法，以無極為有極」，沒有門派之別。他經常從弟子那裡學習他們的武術，迅速整合入截拳道又分享給更多弟子。學習—理解—分享，是非常快速的小迴圈，他自己的功夫逐漸集大成。

萬維鋼曾經這樣點評：「只有在競爭不充分的領域，才有流派。」李小龍就是一個無門無派的人：《精武門》裡酷炫的雙節棍，是他從美籍菲律賓武術家伊諾山度那裡學的；《龍爭虎鬥》裡標誌性的高踢腿，是他從跆拳道高手李峻九那裡學到的，他也分享給對方隱秘出拳的秘訣；他的體格趨近完美，那是用西方健身系統訓練的功勞；他的步法靈動，很大程度上借鑑了拳王阿里的蝴蝶步。

學五渣在中美導師的思想交鋒中獲得自我躍遷，李小龍用五年的時間自學成為一代高手。這兩個不相干的案例一個最大的共同點，不是自己找答案，而是連線學習，「用答案換答案」。相比於過去「學習—思考」的單線學習，這是一種鑲嵌在社會網路之中的學習方式：

1. 先打磨第一個知識模組；

2. 拋出去，換回別人的知識模組；

3. 重複前兩步，積累足夠多的知識模組；

4. 整合出自己的體系，實現知識躍遷。

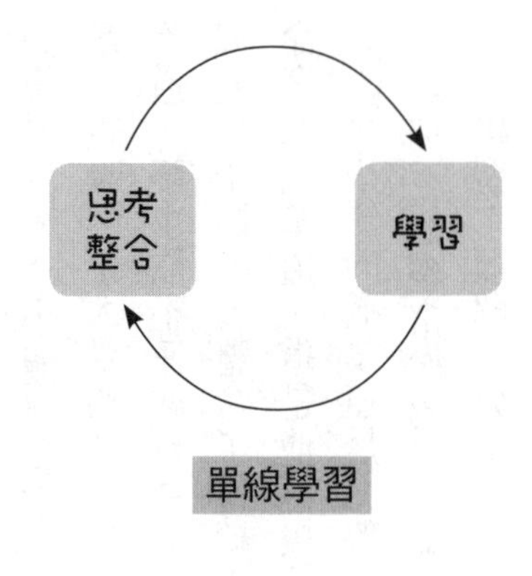

單線學習

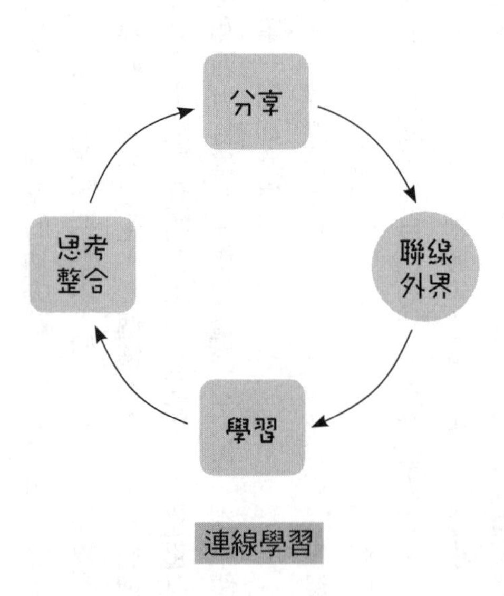

連線學習

這種學習方式之所以讓人一開始不舒服，是因為它超越了我們原來的學習方式。

過去自己學自己悟，才是真本事。資訊爆炸時代，**「調用」和「整合」他人的答案**，顯然更加重要。

過去一定要自己完全學通了，大徹大悟了才出來教別人。一百分教五分的人，老師站著講，學生「跪」著聽；資訊時代，往往是一個十五分的人教五分的人，大家商量著來，偶爾學生還能教老師幾招。

在傳授穩定的、系統化的知識層面，前者更優；但是在學習最新的，還未有人整理過的知識方面，後者顯然更快。

認知德撲：用答案換答案

我們可以設計一個「認知德撲」的思想實驗，進一步看清這種效應。

德州撲克的遊戲很簡單，每桌有五張公共牌，每個玩家手中各自有兩張牌，最後誰手中的牌與桌面上的公共牌湊成的組合最大誰就贏。

在認知德撲實驗中，每張牌都是一個知識模組，每個人擁有一定的「私人知識牌」，包括自己的一些專業和個體經驗；也擁有桌面上的「公共知識牌」，包括共同的書、論文和資訊；最終目標就是比賽誰能用私人牌和公共牌湊成一套解決方案。

比如，有人摸到了「講故事」，又摸到了「禪宗」，桌上公共牌裡還有「硬體發展」、「矽谷」、「行動網路」，於是就打出組合牌「iPhone」（蘋果手機）。成功是運氣加智慧湊成的一手好牌。

認知德撲實驗和真實德撲有一個最大的區別，認知德撲允許你用好牌換別人的好牌，因為一份知識分享後就等於兩份，前提是你分享的內容要足夠好。這樣一來，至少有三種策略能勝出。

策略一：自摸。

策略二：和桌子上其他有好牌的人互換。

策略三：同時參與幾桌牌，都抓到手裡，分享換牌，再打出去。

很清晰的結果，策略一最慢，策略二能贏，策略三能出天牌。

這就是三種學習思路。

- **自學：自己找答案；**
- **連線學習：和同行交流，用答案換答案；**
- **跨界連線學習：跨行學習交流，用答案換答案。**

你是哪一種思路？可以看看自己遇到問題時的第一反應：

- **遇到問題，苦思：「這可怎麼辦？」想一晚上不得；**
- **遇到問題，找書：「哪裡有答案？」開始通過網路、書來找數據；**
- **遇到問題，找人：「誰最有可能知道這個答案？在這之前我要準備些什麼？」然後準備溝通，提出高品質的問題。**

連線社交學習才是最快的學習方式。人類歷史上三次最著名的知識大爆炸，都是跨界連線學習的直接成果。

春秋戰國百家爭鳴

春秋戰國是中國哲學思想大爆發的時代，逍遙的老莊、儒雅的孔孟、兼愛的墨子、政治男韓非子……道家、儒家、墨家、法家、名家，百家爭鳴。接下來的兩千年，基本就靠這些哲學體系過了。為什麼春秋戰國時期會爆發這樣大面積的百花齊放？

這和當時諸侯大量養士有很大關係。士就是各領域的技術高手。班固在《漢書．藝文志》裡寫道：「道家者流，蓋出於史官」、「儒家者流，蓋出於司徒之官」、「墨家者流，蓋出於清廟之守」、「法家者流，蓋出於理官」、「名家者流，蓋出於禮官」、「陰陽家者流，蓋出於羲和之官」……

當時周朝已經開始分崩離析，封建社會雛形初現。各諸侯為了自保，流行「養士」：把技術人員匯聚在一起，管飯，大家不用困於工作，可以坐在一起開腦洞，討論亂世來了，該如何治世。這個階段被稱為「百家爭鳴」。

古希臘文明誕生

西元前四七六年，最後一位周天子下台，春秋時期結束。就在六年後，在西方世界的一個港口城市雅典，一個塌鼻子、大腦門，長相極其不喜慶的小孩出生了，這個人將成為西方文明的啟蒙者，他的名字叫蘇格拉底。

羅素在《西方哲學史》中這樣解釋為什麼希臘雅典會成為西方文明發源地。當時的雅典氣候宜人、物產豐富，大部分人不需要辛苦工作也可得溫飽。歷史學家並沒發現那個時代有時尚和資產的概念，大夥兒也沒啥可攀比。蘇格拉底本人就經常搞個大毯子，白天當衣服，晚上當墊子。這意味著大夥兒有閒情逸致，可以談談人生。同時雅典也是地中海航線的交接之地，當地人很早就能接觸來自不同地區、民族、語言的商品和文化。

希臘文明的第一批哲學家迫切想解釋這個世界的本質，他們不斷思考這些問題：**世界從哪裡來？它由什麼製造？事物的本質是什麼？如何用統一的方式描述它？**他們的學生上午完成簡單的工作，然後用一整個下午討論這些問題。第一批哲學家、科學家、教育家——蘇格拉底、柏拉圖、亞里斯多德的思想都誕生於這些討論，成為科學、哲學、民主之源。

文藝復興

近代科學文化大爆發則是指文藝復興。漫長的中世紀過去，商業開始在義大利復蘇，威尼斯等城市成為世界的貿易中心，佛羅倫斯則成為紡織業中心。商人們帶著各自的觀點來到這裡，讓這裡成為智慧的樞紐。商業活動帶來巨大財富，也讓藝術家有機會創造大型公共和私人藝術品，個人有很多時間學習。

文藝復興與一個義大利銀行世家梅迪奇家族直接相關。這個家族深諳知識大爆炸的機理，他們出資幫助各學科、眾多領域裡有創意的人，並時常舉辦聚會，探討藝術問題，探討人的價值。看看他們的贊助清單：達文西、米開朗基羅、伽利略、馬薩喬……這個家族被稱為文藝復興教父（Godfathers of the Renaissance）。歷史上把這種多元文化的知識爆炸稱為「梅迪奇效應」。

這三次人類知識大爆炸，都有顯而易見的共同點——多元、互聯、跨界，最終形成知識躍遷，創造出大師輩出的年代。

今天的連線學習

今天的網路擁有和文藝復興時期的義大利一模一樣的條件：資訊隨手可得，連接無處不在，不同學科交融，我們也面臨各種層出不窮的大問題。

現代社會這種跨界的連線學習無處不在：

- 布朗大學一組分別從事數學、醫學、神經科學以及電腦科學的專家群體，共同揭開了猴腦思考的秘密，引起了全世界的轟動；
- 工程師與生物學家合作瞭解貝殼堅固的理由，把知識運用到坦克和裝甲車外殼上；
- 一九七六年，生物化學家理查．道金斯出版了《自私的基因》一書，從全新的角度解讀進化論。他認為進化並非出現在物種或個體身上，而是基因在進化，因此基因是「自私」的。這是非常棒的一本書，也為他在生物界帶來了聲譽。

但是有趣的是，為道金斯帶來更大影響力的，是書裡看似無意提出的一個觀點——如果

說生物通過基因進化，那麼人類社會則通過文化基因進化。他創造了一個詞來對應生物基因（gene），即文化基因（memes，模因）。

今天，最新的知識的源頭並不在某個教授的腦子裡或一本教科書的某一頁，它們在大腦和大腦的碰撞中，在問題和知識的交匯之處，在一線高手的實戰之中。

要和知識源頭連線。

工具箱　連線學習者

如果知識大爆炸這麼好玩，為什麼不在自己身邊試著做一個？你可以嘗試搭建自己的連線學習網路。不得不說，就在二〇一七年，這種方式徹底改變了我對於學習的觀點。個體的學習迴圈「認知—理解—踐行—學習」再快，也只是發生在一個個體之中。

但如果一群大腦互聯形成網路，「認知」很大程度上就可以分包，你不需要懂，只要知道誰知道就好；以前我遇到問題，經常思考「該怎麼辦」，現在我總在想「誰會知道答案呢」。

更酷的是，如果這群人相互信任，最花時間的「踐行」都可以直接調用——其中一個人可能早就是其中的高手，給夠錢，讓他幹就行。

當一群相當的大腦互聯，會變成一個「知識量、理解能力升級」的集體。他們的個體能力被指數級放大，是螞蟻和蟻群的差距。這有點兒像全真派的「北斗七星陣」，單個人雖然戰鬥力不強，但如果七個人配合好，觀察範圍變大，一個人只負責正面進攻，不用管背後，力量也更加集中，這樣就很厲害了。

連線寫作

我們在第一章探討過，任何一個領域一旦有能大幅提高效率的新技術，這個領域的核心競爭力就會變化。在一個認知和技能都能外包的群體裡，**什麼是最重要的技能？**

突破點只剩下兩個：提問能力和整合能力。

想想那個「認知德撲」的比喻。在這樣的局裡，你最重要的能力不是抓牌，而是迅速打組合牌的能力。最會打組合牌的人會贏。說得更遠一些，這也應該是人工智慧時代人類最重要的技能之一。另外一項技能則是「如何拋出有創造性的問題」。機器也許比你搜索速度更快，但是機器沒法提出足夠有創意的問題。

《躍遷》這本書，我就嘗試用群體學習的方式來寫作。這裡分享幾個要訣：**多元、高頻、提問、結構、匯聚**。

多元：我找到《超級個體》的KM[13]裡最優秀的幾位，組成一個躍遷群思考網路。我們按照多元化理念設計這個群，他們中叢挺是大學教師，姚琦是飛利浦研發經理，熊斌是醫學博士、出版界的老編輯，王方是華東師大教育學碩士，侯定坤是內容創作高手，策劃人燕恬是十點讀書會創始人、出版領域高手，于淼是柳丁學院創業元老、極有悟性的運營人——這些人都屬於高智商人群，抱著對於智力挑戰的熱愛拿到高學位，畢業後肉身卻陷在重複無聊的工作裡——這個群的目標就是激發他們巨大的樂趣。

高頻：高頻次溝通會增加躍遷的速度，我們的研討節奏是每天一次。

提問：好問題是發動機。在寫作期間，每天早上，我都會拋出一個和本書有關的主題：「為什麼聰明和善良一樣重要？」、「你有哪些躍遷的例子？」、「你生活中最大的一次躍遷是什麼？」、「能否找到一個具體的高手戰略的案例？」、「請舉出一個大神戰略的反例」……

結構：這些問題最好有一個結構共識，比如，場景—分析—概念—案例，或者數據—技術—金句。

匯聚：大家各自找數據，放到有道雲筆記中。等著晚上八點半在群裡溝通，在各自簡單的彙報以後，大家打開腦洞，盡興收場。平時有什麼想法也丟在裡面。這本書的很多靈感、邏輯、案例、數據都來自這個神奇的躍遷群。

13. Knowledge Mining，意為「知識挖掘師」，這是我從數據挖掘裡面借鑑而來的，我預計在內容變現時代，KM會成為一種重要的職能。

也許有人擔心這樣會不會浪費時間？會不會整晚都沒有什麼重要收穫？

有一天群裡有人發言，擔心自己發言品質不夠好，跟不上大夥兒。我回覆他，「群裡沒有什麼高下，我們就是因為不同的背景才被召集在一起，所以表達自己認為最好的觀點就行」。

不過並不是每個晚上都聊得這麼盡興，也並不是每個觀點都有價值。是的，這個群整體帶給我們的回報，遠遠大於單機學習。

因為**一個知識躍遷群的點子品質，也符合冪律分布**——大多數的建議是平庸的，趕不上群裡最有見識的幾個人。但是這種簡單的規律會帶來躍遷，一定會產生閃亮的、遠遠超越單個人的頂級點子。你看到的「認知德撲」實驗，就是上面那位發言的夥伴的點子。

當一個絕佳點子和視角出現，整個群就隨之躍遷一次，然後在這個基礎上，我們再整體躍遷——這種感覺，用一個躍遷群裡的夥伴的話來說：

> 你能聽到快速進化時，耳邊的風聲。

思想夜宴

如果你想體驗這種群體躍遷，又不想採用寫作或者做專案這麼苦的方式，你一定要試試簡易版的「思想夜宴」。

1.準備：

找到四個不同領域、對思考有興趣的朋友，然後請他們每個人再邀請一個朋友來，要求只有一個：願意主動貢獻想法，盡量多元化，彼此不要太熟！

群體躍遷，只會在去中心化的系統裡出現。我們有一次聚會的時候來了一位金融界的頂級大咖，一開始介紹完，大家都發出「哇」的驚嘆，紛紛鼓掌。我心裡想，壞了。果然，整個晚上只要是他說的觀點，大家都沒有或不好意思反駁。整場下來，粉絲們很興奮，他自己倒是沒勁了。他並不缺粉絲和發言機會，他的思維也沒有什麼突破。

我告訴他問題就出在中心化上，下次介紹自己，盡量要低調，就說自己是一個做研究的。這樣，愉快的打臉就來了，他很熱愛思想夜宴。

2.提前拉群，在群裡丟出幾個話題，大家選擇最想聊的那一個。話題越具體越好，比如，不要問「如何從小到大做好一個知識品牌？」而應該問「我現在就想在中國推廣正念冥想這個理念，如何快速施展影響力？」越清晰的話題，越容易提前準備。

3.激發：

（1）八點吃完晚飯以後開始。不要約飯局——集體吃飯和集體思考不相容；

（2）主持人控制時間和節奏，可以打斷。記錄員簡要記錄所有內容；

（3）第一輪每個人用五分鐘簡單說說自己的想法，控制在一個小時左右；
（4）休息，足夠長的聊天時間方便私下交流意見；
（5）第二輪，自由發言開噴。七十分鐘左右；
（6）收到最大的人買單。

4. 成果：

（1）不要著急當晚出結果，當晚出的結果往往都不靠譜；
（2）第二天把記錄發給所有人，約定有新的成果，一定再丟進群裡繼續討論；
（3）不要期待每個人都靠譜，每次大概有一半的人靠譜就好。

每次換一半人，大概三～四次以後，會形成一個相對穩定的組織，你們的思考品質相當、領域互異，但是彼此都信任對方的智商，互為對方的大腦。這個小群體開始熟悉對方的主題，隨時線上溝通，也自動在為對方尋找資源——這種大腦連線的小團體有一兩個，在專業領域會有巨大的成就。

＊如果你讀完很想試試看卻又有點兒忐忑，可以去我的公眾號「古典古少俠」（ID：gudian515）輸入「思想夜宴」找到更詳細的攻略，希望能幫到你。

終身提問者：問題比答案更有效

知識樹 vs. 問題樹：以問題為中心

講到這裡，我們似乎遇到了一個自相矛盾的問題。一方面我們強調要聚焦、要專注，另一方面我們又認為多元有閒是個必要條件。當達文西收到梅迪奇家族的邀請參加某個沙龍時，他顯然不知道會有什麼收穫、會遇到誰，就好像閒暇時間你點開一個信任的微信公眾號，或者參加一個週末沙龍，你並不知道會學到什麼。

到底是要專注，還是要多元？

這牽涉到一對概念的區分：知識樹和問題樹。

著名博主和菜頭在一篇文章裡提到，他曾給羅振宇提過這樣的建議，「得到」應該做一個人類知識的「知識樹」，讓每一個領域都按照專業難度列出一個樹形結構，然後對應一系列的書。我們只要根據自己的水準對應查詢，進行一系列的閱讀，就能解決學習問題。

但和菜頭馬上敏銳地意識到這個思路的困境：「我很難說有什麼書是全無價值的，甚至我都不能說出，自己在特定領域的進展是依仗了哪些書？……我被卡在這裡，我在B領域隨便翻翻，卻突然看到某個方法、思路，讓我一下理解了A領域那個被卡住很久的問題。」

知識樹的思路，是典型的專業知識細分的學習路徑。工業化時代分工高度穩定，每一個領域都相對獨立、發展緩慢，一個人有機會學完一個細分領域的所有知識。沿著一棵長成的大樹向上爬，這種學習路徑效率最高。

但在一個高度變化、多領域跨界的時代，完成任何任務都需要調取多領域的知識，全部靠自己學習顯然來不及。哪怕你要寫好一篇公眾號文章，也需要有很多跨領域的知識——你要理解心理學以抓痛點，要理解傳播學以改標題，要懂得運營公共關係來弄清發布管道，要知道如何高效寫作與搜索數據，還要有美術知識幫你選擇合適的版面設計。全部學完，哪怕挑重點學也需要兩年時間。到那個時候，也許公眾號的熱潮都過了。

學習的速度，跟不上遇到問題的速度。這是你焦慮的根源。

所以你沒法不焦慮——聚焦於一棵知識樹，會讓自己受限；但如果跨出專業，這個世界上有讀不完的書，以及非常多「學了一定有用」的知識。

這種知識焦慮就是全民學習熱的動力，不過這股熱潮只停留在「如何學習」，而不是「學來幹嘛」的思考上。

一名叫作斯科特．揚的學習高手聲名鵲起，他利用自己的學習方法，十天搞定了線性代數，一年學完了麻省理工學院四年本科課程，還出了一本書《如何高效學

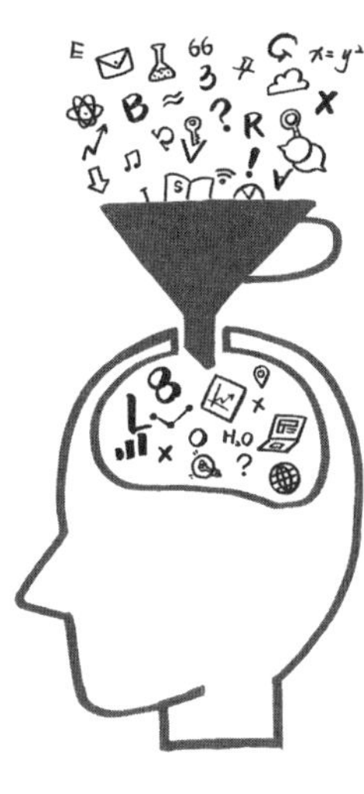

知識困境

習》。書裡提到的「整體學習法」很值得一看。

但是我始終未查到他的學習動機。我查閱了斯科特的部落格等數據，並沒有找到他在學術和其他領域的更多成就。唯一看到的是他把書從一本出到四本。迄今為止，他最成功的輸出，就是教別人如何學習。

如果把快速學完課程並拿到學分做為一種技術，那麼這種技術的確值得學習。但如果把這個叫作「快速學習」，就有點兒跑題了。在知識大爆炸的時代，即使這種學習速度也趕不上這個時代，而且人工智慧學習速度遠比你快。

一開始我們靠興趣，但是興趣多變；然後我們追新知，發現新知進化得比我們學習的速度還快；之後我們回身去讀經典，卻發現經典一輩子也讀不完；於是我們開始尋求底層邏輯。

今天，真正串聯一個又一個知識的，**不是學科知識，而是場景問題**。學海無涯，終身學習者很容易陷入為學習而學習的窘境。你需要一棵「問題樹」。

和知識樹不一樣，問題樹依託**一個真實的、高價值，並有可能被解決的問題**來展開。它包括四個方面：

- **我們面臨什麼樣的問題？**
- **我們如何知道自己已經解決了這個問題？**
- **我們會遇到哪些挑戰和障礙？**
- **我們有什麼可能的解決方案？**

以上四個問題會出現很多關鍵字，指向各個領域，每個領域又會產生新的關鍵字，然後生長成一棵關於這個問題的「問題樹」。

問題樹創造知識體系的過程和網路搜索的方式一模一樣。你在谷歌輸入一個關鍵字，幾毫秒內，電腦生成了一個頁面。請注意，這個頁面不是世界上「現存」的，而是為了你輸入的這個關鍵字「生成」的。谷歌為你的提問「生成」了一套知識體系。你提出一個問題，就相當於在你的大腦的空白框裡輸入了這個關鍵字，從此，你過去的知識、人際網路、生活經驗都和這個關鍵字連接起來，逐漸長成自己的問題樹。

人類的天性在認知上是吝嗇的，很懶惰，學習和思考是一件非常耗能、逆人性的事。所以，如果一個知識不能被用來解決問題，就不值得學習。

你需要的，是用來解決問題的知識。

你要學什麼？答案就在於你要解決什麼樣的問題。增強學習動力的最好方法是找到你真正感興趣的問題。關於專注和多元的解釋在這裡也實現了和諧統一。

專注於你的問題，調用多元知識。在目標上專注，在手段上多元。

未來沒有專業，**真正的專業是你「特別擅長解決某類型的問題」**，才不會管你調用了哪些學科。

提問的力量

出一道題，考考你的記憶力：

有一輛車，車上有八個人；
第一站，上來了三個，下去了五個；
然後，上來了五個，下去了八個；
然後，上來了八個，下去了三個；
然後，上來了二個人，沒有人下去；
然後，上來了四個人，下去了一半的人。
現在請問，車走了多少站？

你可能會說我要流氓，你為什麼不早說？

這個遊戲凸顯出我們日常的一個困境——當資訊多到你記不住的時候，你就會散焦，丟失真正的答案。唯一的解決方法就是提問。提問比答案更有效果。

提問抗折舊

我們作帳的時候，經常會有一個折舊率。比如說如果你的手機三年一換，那麼這個手機折舊率就是三〇%。但是比電子產品折舊率更高的，就是知識。

十八世紀，知識更新週期為八十~九十年；十九世紀縮短為三十年；二十世紀六、七〇年代，一般學科的知識更新週期為五~十年；到了二十世紀八、九〇年代，許多學科的知識更新週期縮短為五年；進入二十一世紀，許多學科的知識更新週期已縮短至二~三年……也就是說，你大學一年級學的東西，很可能大四畢業的時候就已經完全沒用了。

不信，問問你身邊的同事，他們大學學到的知識在工作裡用到多少？

怎麼應付知識折舊？兩個方法：第一是多讀不容易折舊的經典，就是我在前面說的一二三四手知識；第二就是不斷更新最新的內容。不管是哪一種，你都需要不斷地問自己：「這個能更好地解決我的問題嗎？」

提問即思考

提問的能力，最能看出一個人思考的深度。

比如說「書讀不過來了」這個話題，大部分人的思路是感嘆下，抱怨下，講幾個笑話。但是我常常會連續追問六個「Why」（為什麼）。

1W：為什麼書讀不過來？
答：因為方法不對，且知識太多。
2W：為什麼知識太多？
答：因為篩選不夠，也因為專業細分和知識爆炸。
3W：為什麼非要學完這些知識？
答：其實也不一定要學完，只要學到其中有用的就好了，有些領域有人懂，問人就好了。
4W：怎麼才能判斷哪些是學了有用的知識？
答：最高效率、最妥善解決了你的問題的。
5W：你有什麼問題？為什麼這個問題對你這麼重要？
答：這往往涉及個人價值觀的層面，每個人都有自己的大問題。
6W：人為什麼要解決問題？
答：……

你能明顯地看到，越是往下，思考越深入——當回答1W、2W的時候，大部分問題可以通過技術和策略，比如說「××讀書法」、「××書單」來解決。當

提問式學習

回答3W、4W的時候，思考就變成了系統和判斷標準；如果你繼續追問5W、6W，就會發現你逐漸進入了價值觀和哲學層面。這是一個How（怎麼做）—What（做什麼）—Why（為什麼）的過程。

所以愛因斯坦說：「如果我必須用一小時解決一個重要問題，我會花五十五分鐘考慮我是否問對了問題。」

提問即創造

提問會倒逼你更新知識、深入思考，但是為什麼提問會帶來創意呢？先瞭解下創造的本質：創造是一個「思想組合」的過程。

美國神經科學家約拿．萊勒在《想像：創造力的藝術與科學》一書中說，以前，想像力被認為是一種獨立的東西，跟其他認知能力分開；最新研究表明，這種假定是錯誤的。創造力包含多種認知工具，每一種只適用於特定種類的問題。**有三種形式的創造：一種是靈感迸發，一種是厚積薄發，還有一種是即興發揮。**

所以要搞清：我們面對的難題是需要靈光乍現、跳出框框，還是可以一點一點地慢慢加以解決？這個問題的答案決定了我們是應該喝點兒啤酒放鬆一下，還是喝一罐紅牛打起精神；是沖個澡還是在辦公室熬夜，或者直接上場張口就說。

但是不管哪一種，創造都是一個面對難題、在腦子裡不斷把過去的模組進行各種組合，最後產生解決方法的過程——靈感迸發型的創造是跨領域組合，厚積薄發的創造是同領域組合，而即興發揮的創造是知識和場景組合。

這像極了搜尋引擎的工作方式。百度是這樣工作的：當你搜索一個關鍵字，它就會抓取世界上所有的網頁，並羅列出來，按照重要性和相關度組合出一個頁面給你。

據說，每天谷歌有三四%的關鍵字是從來沒有被搜索過的，也就是說，當你輸入一個以前沒有搜索過的關鍵詞組合時，你是在「創造」一個世界上未出現過的網頁！

你的大腦只有一．四公斤，由一千億個微小神經元組成，每一個神經元與其他神經元都有五千~一萬個連接點，總連接超過五百萬億。你的大腦比所有網路在一起還複雜——當你給自己提出一個問題，大腦裡面發生的事情也是一模一樣——你輸入新的關鍵字，與之相關的回憶模組在你的大腦裡創造，組合並重新產生新的連接，形成新的答案……你的潛意識一個個點開這些答案連接，直到有一天，「叮」的一聲，一個完美答案出現！這就是創作的過程。

人的大腦在成年以後，依然還會進一步成長，提問是成長的催化劑。

很多偉大的創意來自解決一個有趣的問題。Airbnb的兩位創辦人喬．格比和布賴恩．切斯基都想知道：「在每年中的那個時間段，為什麼來這座城市的人會很難找到酒店入住？」

二十世紀八〇年代，英特爾公司還是一個記憶體公司。面對日本記憶體廠家的低價策略，英特爾連續六個季度出現虧損。一九八五年的一天，英特爾總裁安迪．S．格魯夫在辦公室裡與董事長兼首席執行官摩爾談論公司的困境。格魯夫問摩爾：「如果我們下了台，另選一名新總裁，你認為他會採取什麼行動？」摩爾猶豫了一下，答道：「他會放棄記憶體的生意。」格魯夫目不轉睛地望著摩爾說：「你我為什麼不走出這扇門，然後自己動手？」一九八六年，公司提出新的口號：「英特爾，微處理器公司」。英特爾順利地穿越了記憶體劫難的死亡之谷，實現絕地翻盤。

為什麼運動員的小便不多？一九六五年，美國佛羅里達州立大學的橄欖球教練德韋恩．道格拉斯想弄清楚這個問題。他看到自己的隊員們在場邊喝了很多水，但沒有人上廁所。道格拉斯把他的疑問告訴學校的腎臟醫學教授J．羅伯特．凱德。凱德意識到，因為隊員們不停出汗會流失大量體液，而這些體液就需要水來補充。他馬上開始調製一種可以補充通過汗液流失的電解質的新飲料。凱德讓新生橄欖球隊的隊員飲用他調製的飲料來進行測試，這支橄欖球隊很快就在練習賽上將高年級學生擊敗。這款飲料就是逐漸被人們熟知的開特力——以該球隊的吉祥物命名，而它也由此開創了運動飲料行業。現今，該行業的市值近二百億美元。

在任何情況下，問「為什麼」都可能是引起改變的第一步。如果能先於別人發現一個難題——都不需要解決——你就獲得了一個創造一家新企業、一項新事業甚至一個新行業的機會。這就是提問的力量：一個好問題是你開始創造的第一步。

時代是水流，答案是河岸，而問題是船隻。在水流不太快的時代，你可以在河岸上慢慢走，也許跟得上水流；但在知識爆炸、洪流的時代，你只有登上船隻，才能保持和時代同步。守在岸上，只能被遠遠拋下，望洋興嘆。

所以我們寫作、做知識產品的目標，是不是也應該從羅列知識，到勾引大家提出足夠好的問題？

101 法則　$1.01^{365}=37.8$

若是勤勉努力，最終會獲得很大的力量。

0.99 法則　$0.99^{365}=0.03$

相反地，稍微偷懶的話，終究會失去實力。

為什麼每天進步一%，卻還是沒有太多長進？

你一定看過這道「科學勵志」公式：只要每天進步一%，如果持續反覆運算，一年下來就會有三十七倍的增長，你會變成更好的自己；而反過來，如果每天滑坡一%，則會變成渣渣……

這個複利算式簡單清晰，不明覺厲，看不出什麼毛病，號稱「硬勵志」。不過一年下去了，誰真的增長了三十七倍，誰又糟糕到只有上一年的〇．〇三啊？為什麼成長複利公式無效？

因為複利不是這麼算的。

形成複利要滿足兩個條件：

- 每天的收入反覆運算到下一次增長中去；
- 不損失本金。

放到成長複利上，意味著：

- 今天學到的知識，明天要運用到新一輪的知識學習中去；
- 不能忘記。

大部分人的學習都不滿足這兩個條件。首先是知識無體系化，今天學到的概念和明天知道的內容顯然沒法疊加到一起，互相不產生作用。這樣一年下來，不是增加了三百六十五次方，頂多是增加了三百六十五個〇．〇一，即三．六五倍。

三倍多也挺好啊，問題是你還總忘記一週前學到了什麼，有什麼令你印象深刻。估計忘得差不多了。這樣一來，可能辛苦積累了一．〇三，一週以後退到〇．九六。所以一年下來，你成長個二〇%也就了不得了。

如果你一直以來都在碎片化學習、碎片化思考、碎片化體系、碎片化問題，終將勞而無功，竹籃打水一場空。

不過成長複利是有可能實現的，解決方式還是「問題樹」——基於問題的學習符合複利的兩個條件：

1.為了解決問題，昨天的思考和學到的知識會馬上應用到今天的解決方案上去，形成反覆運算；

2.如果一個知識有用，就不會被忘記；如果沒用，忘記也不可惜。

這種學習方式還解決了兩個問題，就是「我怎麼知道這個知識有用」的困惑，以及「這個很重要，記錄下來」的倉鼠心態。一開始知識管理標籤化還有用，隨著想法越來越多，知識管理也逐漸失效。以問題為出發點是唯一的試金石。

能解決當下問題，那就是有用；不能解決當下問題的，降低關注度。並不是否認這個知識好，只是暫時不需要，以後再說。

一個好知識、一篇好文章，會不會錯過以後，永遠遇不到了？

其實不會，知識一直都存在於網路的某個地方，不增不減，當你真的遇到問題，它們自然又會浮現出來。甚至也許當你需要這個知識時，已經有了更好的解決方案。放心去思考你的問題吧！記得**以問題為中心（problem-based learning）**。

知識焦慮的解法很明確，**基於問題的學習**讓你關注點更少，進步更大，有自己的試金石，是「更少而更好」的事。

做一名真正的終身提問者

所以，比**終身學習者更有效的**，**是終身提問者**。

終身提問者的學習目標更清晰，更不會在知識樹裡迷路，問題就是他的明燈。

終身提問者的回饋更及時，問題就是他的試金石，他很清楚地知道哪些知識有用、哪些沒用。

終身提問者的動力更強，因為他知道一個問題解鎖以後，會帶來更多、更大、更有趣的問題，但一切都要從解開這個問題開始，他孜孜不倦，又平靜從容。

終身提問者更有號召力，一個足夠好的問題，需要很多領域的人共同解決，那些平時沒機會一起交流的人因為問題聚首。

你的問題有多多，你的知識就有多多。你的問題有多好，你的專業就有多好。人生就是一個個問題解惑的過程。

工具箱　終身提問者

別列書單，列問題單

我們經常喜歡羅列書單、閱讀清單、收藏清單，這些清單最大的問題是，始終沒有動力去讀，讀了也沒有實踐的動力。

一個問題清單也許更加有趣和有力。

這個問題清單可以很長，也可以很短。你可以一股腦兒地把自己所有的問題都列上去，然後用兩個指標來給自己分類：相關性和好奇心。

相關性往往是你回答了以後立刻有重大收益的內容，好奇心是你最有動力學習的未來方向。如果事態緊急，你可以從相關性開始解決問題。平常學習中，你可以從總分最高的那些問題開始。

當然，這個問題清單不會變短，因為隨著一個個問題被解決，問題會變得越來越多，但是你能感覺到自己的問題逐漸在聚焦，你也會變得越來越智慧。

問題	相關性	好奇心
黑洞裡到底能不能發出訊息？	4	8
為什麼她會突然生氣？	8	6
人工智能對於我這個行業有什麼具體影響？	6	6
有哪些讓生涯能推廣開來的方式？	7	8
為什麼努力了還是沒有成功？	8	7
人怎樣才算成長為自己？	7	9

假裝寫本書

你想集中研究一個話題，最好的方式就是假裝自己要寫本書。每當我要集中研究一個話題，總是列出來這個話題下的所有內容，然後假裝自己要寫本書。比如在作知識專欄之前，我給自己列了這樣一個目錄——假裝我要寫一本關於「知識內容設計」的書。

序　如何一句話抓住你想學？
第一章　內容產品的定位
第二章　內容產品的商業模式
第三章　內容產品的結構模組
第四章　內容產品的生產流程
第五章　內容產品的行銷方式
第六章　內容產品的團隊組建
第七章　內容產品的價值鏈整合
第八章　內容創作者的自我修煉
跋　如何一句話懟死你？

每一章可以進一步展開：

第一章　內容產品的定位

1. 從內容來分有哪些？
2. 從形式來分有哪些？
3. 從賽道來分有哪些？
4. 從功能來分有哪些？
5. 有哪些現在沒條件但是未來有機會的定位？
6. 我如何找到一個適合自己的定位？

……

然後打開你的知識管理軟體，每天記錄一部分，想起來就丟進去，很快這本「書」就會出現。當一個模組完整的時候，就可以考慮丟出去分享，換來下一個模組。

問題少年提問術

有一個北大EMBA（高級管理人員工商管理碩士）的朋友和我說，他們班上有一位特別憨厚可愛的同學，「長得像熊貓，瞪著一雙好奇的大眼睛」，下課的時候哪兒熱鬧往哪兒湊，不多說話只認真聽，偶爾問幾句。後來熟了一問，原來是愛國者的馮軍。

這就是高手的聰明之處——談話，尤其是高手的對話，都是一個大家窮盡多年智慧、綜合很多實踐、全力秀智力肌肉、生怕被鄙視的場合。這個時候不爭得失，認真聽、好好問，看似傻，其實是最聰明的做法。

這種人都是「問題少年」，他既能提出精妙的問題，又有小學生的心態。**問題少年是讓個人無法拒絕的學習姿勢**。不過有的問題很少有人回答，有人則屢投屢中——如何提出一個讓人無法拒絕的問題？

1. 不做伸手黨，準備充分、目標清晰。

舉個例子，看看這兩個問題：

「我真的想得到更好的個人成長，我該讀什麼書？」

「古典老師，我看完了你的《超級個體》的豆瓣書單，研究了當當和京東的排行榜，還綜合了知乎的一些帖子，列了一個二十本個人成長書籍的閱讀方向，附在下面。我現在的情況是……按照我這個情況，請你給我推薦一本最適合我的入門書，以便我快速入門。」

你會回答哪個？後面那個努力、具體、指向清晰，很難拒絕這樣的問題少年。我對自己的員工有一個「百知谷」要求——一個問題，沒看完百度、知乎和谷歌搜索前三頁，不要浪費別人的時間去提問。

2. 好問題都是組合拳。

如果你有更多的時間，請一定把問題問得再深入些。

「你覺得一個人真正入門的標準是什麼？什麼情況下就知道一個人差不多入門了？」

「除了讀書，這個領域還有哪些方式可以讓一個人快速成長？還有嗎？」

「如果我已經讀完了這些書，我該做些什麼讓自己的認知再跳躍一步呢？」

「像你這樣的高手，對於這個領域未來五年的發展有什麼洞見？」

「還有誰你可以推薦我見見的嗎？」

會不會很煩？但真正精心設計的問題會讓對方很爽，因為他也沒有如此深入地思考過，這是一個整合的機會。你也許沒法到達別人的高度，但是你可以站在很高的地方提問。

3. 輸出答案。

朋友杜佳，是非常優秀的教學產品經理。她有一個大優點，就是不管什麼時候你和她說的想法、意見或者建議，她都會記錄下來，發給你，並且附上「根據這個想法，我做了一些行動計畫，你幫我再看看」。

我非常感激她的行為。

一方面她幫我記錄了我的知識靈感——前面說過，知識的源頭就在大腦和大腦的交界、知識和問題的碰撞之中；另一方面她告訴了我她的收穫，這讓我的助人之心得到滿足。最後她還機智地提出問題：「這個計畫你覺得怎樣？」

電影《教父》裡，馬龍．白蘭度扮演的教父說：「要給他一個無法拒絕的請求。」問題少年就是這樣一個無法拒絕的姿態和技術。

五個絕佳的思考角度

1. 證據：我們怎麼知道什麼是對的、什麼是錯的？有什麼證據可以證明？
2. 視角：如果站在其他人的視角看這個問題，會怎麼樣？如果換一個角度會怎麼樣？
3. 聯繫：他們之間是否存在某種規律和模式？我們以前在哪兒見過這種模式？
4. 猜想：如果它與眾不同，那是什麼樣的？
5. 相關：它為什麼重要？

這五個問題是教育界傳奇人物、「小型學校運動」的開拓者梅爾提出來的，他也是第一個獲得「麥克阿瑟天才獎」的教育學家。在他的學校，知識點不重要，這五個問題卻是討論的核心。每一節課大家都圍繞這五個問題提問，並一一解決。梅爾的學校只有一％的學生沒有完成中學教育，而紐約市的中學輟學率在四〇％～六〇％。

如果遇到一個問題，不妨從這五個角度組織知識，往往其中有一個能觸發奇效。

知識IPO：把知識變現成價值

行文至此，我們已經談到了如何連線學習、如何以問題為引導、如何挑選學習數據，最後我們談談學了這麼多，如何讓知識轉化成價值。

還是那個思路，要學習一個技能，就去尋找擅長解決這個問題的高手。這一次我把目標鎖定在商業思想大師的研究之上。

商業競爭是現代人的戰場，過去的軍事家，放在今天都是企業家或戰略顧問。商業領域變化最快，競爭最激烈，新技術層出不窮。而商業思想大師是競爭的軍師，是趨勢的領航員，也是最會學習和解決問題的人。像彼得・杜拉克這種一輩子寫了四十本書，並且開創了一整個「管理學」的解決方案的高產者，是怎麼學習的？

首先，他們是終身提問者。

彼得・杜拉克終身都在寫作、諮詢和教書。他是數任美國總統的顧問，為很多企業做諮詢，也是眾多商業領導者的導師。他一生寫了四十本書，八十五～九十五歲就寫了十本。

和其他管理學者不同，他的學術研究主要來自實踐。在一九四六年出版《公司的概念》之前，他在通用汽車公司工作和觀察了兩年。他一邊教書，一邊諮詢，一邊寫作。所以他的書的特點是沒有大段的學術描述和術語，而是緊跟時代的困惑，每本書解決一個問題。

當企業逐漸成為組織，他寫了《企業的概念》，討論企業的組織運作；當管理這個職能逐漸浮現，他出版了《卓有成效的管理者》，界定了管理者；他思考的問題涉及創新、非營利組織、生態遠景、亞洲發展、政府與企業的關係……

曾任麥肯錫日本董事的大前研一更加「離譜」，他大半生寫了九十一本書，至今還在繼續勤奮寫作。《專業主義》、《OFF學》、《M型社會》，也是每本解決一個問題。

其次，他們都是跨領域整合者。

管理學這個學派的思想如雜交水稻一樣，是前所未有的混搭，是人類歷史上交叉學科門類最多的專業之一。

《第五項修煉》的作者彼得．聖吉是麻省理工學院搞火箭的系統動力學出身，發明戴明環（PDCA）的威廉．戴明是物理學博士，日本管理學大師大前研一是麻省理工學院核工博士，而被認作管理學祖師爺的彼得．杜拉克則是混搭之王。

彼得．杜拉克有一個愛好，每隔三年就選擇一個領域深度學習，覺得學得差不多了，就換一個領域。這些領域在外人看來簡直是不務正業，比如東亞歷史、小說寫作、政治學、社會學……他一生研究了十六個學科之多（還寫過《毛筆之歌：日本繪畫集》這種小清新，你信嗎），但是當他帶著上一個領域的知識積木進入下一個、再下一個領域時，這些知識匯聚到一起，形成了一個可怕的複雜系統——大師思想從中誕生。

我最喜歡的，是他的小說集《旁觀者》。

最後，他們都有一整套知識IPO系統。

彼得．杜拉克這麼評價自己的幾份工作：**「寫作是我的職業，諮詢是我的實驗室。」**他自己還是商學院的講師。商業大師高產的秘密變得越來越清晰：

I：輸入問題（Input a question），以持續解決問題為目標；

P：解決問題（Problem solving），以整合多學科知識為手段；

O：輸出產品（Output），通過諮詢研發、授課整合和寫作，讓思想產品化。

我把這套系統叫作知識IPO。這是一套高效的把知識整合產品化的個人商業模式。

所有的知識生產者，都需要打造自己的知識IPO，我也是一個知識IPO操作人。

「老師我到底適合做什麼，出國學什麼？」（I）在新東方常年講課、做留學諮詢的時候，時常被問到這個問題。我開始研究，發現「生涯規劃」就是解決類似問題，我開始學習（P），開始在自己的GRE課堂上加入生涯規劃的內容（O）。

「人如何找到自己成長的方向，成長為自己想要的樣子？」（I）授課給我帶來更多諮詢以及更大的平台，也接觸到比出國人群更大的群體，這個問題逐漸浮現。我開始接觸解決這個問題要涉及的心理學、測量、教練等領域，於是我去中科院讀心理學研究生，拿到生涯規劃師、ICF（國際教練聯合會）教練認證（P），學習成果輸出就是銷量達三百萬冊的《拆掉思維裡的牆》（O）。

「如何利用這套知識讓更多人收益？」（I）這給我帶來更多的商業機會，我開始組建自己的公司。這就面臨著重新學習帶團隊、戰略、融資、領導力、績效等更多知識來解決企業發展問題，個體不夠了，需要找到專業人士（P）。今天「新菁英生涯」和「柳丁學院」已經是各自垂直領域的第一名，十個生涯規劃師，八個來自新菁英。我還寫了《你的生命有什麼可能》，參與編寫教育部的教材《大學生職業發展》（O）。

「下一個十年，教育會變成什麼樣子？」（I）這個問題讓我參與到內容創業的大潮，除了過去的知識，需要重新學習的是線上產品設計、高強度寫作、協作式生產技術（P），我們最終解決了專欄設計、內容創作流程等問題，輸出的就是你看到的專欄《超級個體》（O）。

「這個時代的高手需要哪些心智與能力？有哪些底層邏輯是人們必須要瞭解的？」（I）在親身參與艱苦的內容產品打磨過程中，我接觸到了這個時代最焦慮和最有上進心的客戶，身邊是各個領域最優秀的生產者，我開始思考這個話題。他們每個人都教給我很多東西，引導我學習了複雜系統、混沌理論、商業規律、進化論、冪律（P）……這就是眼前這本書的來歷（O）。

提出一個又一個問題，像一盞燈，帶領你穿越忙亂和無常，走向自己希望的未知。

設計自己的知識IPO

第一步，你必須有一個真實的、高價值，並且有可能被解決的問題（I）

理解這個問題遇到的障礙和挑戰。圍繞這個問題搜索各領域的知識，然後生長出一棵關於解決這個問題的「問題樹」。

提真實的問題：和搜尋引擎一樣，如果輸入的關鍵字不精確、太寬泛，就會導致問題無解。對於問題的第一個要求就是「真實」。比如，如果你的問題是「如何找到鍾愛一生的事業」，這可能並不是一個真實的問題。因為鍾愛一生的事業都是回顧出來的，誰也不會在事業剛開始的時候就確認會鍾愛一生。

提高價值的問題：第二個要求也常常會有人踩坑，就是花大量時間思考「低價值」的問題。當然，任何一個問題都是有價值的，關鍵是要與你當下的生活有聯繫。我常忍不住點開知乎（我是深度潛水用戶）某個特別有趣的標題，比如〈不誇張地說，這幾部電影影響了日本汽車業的發展〉，看完了一段很專業的冷知識以後，卻發現這和我的生活沒有什麼關係。我把這種情況叫作「認知流浪」。做為保持思想彈性的練習或休閒，這很有效；但是如果占用了你的工作時間，那這些問題就是「低價值」的——因為我明明有更好的問題，比如「如何起一個好名字，推廣這本書」，可以思考。

提能被解決的問題：還有就是這個問題是「有可能被解決的」。網路上常有人提問：**「如何在一週之內快速成為某個領域的專家？」**門外漢回答的你不信，專家回答的——如果你和專家只有一週的差距，他還是專家嗎？設計思維中，這類型的問題被稱為「重力問題」。不要提「為什麼這個世界不公平」，這種問題如重力一樣，無所不在，不如改成「如何讓我在不公平的世界成為想成為的人」，甚至「如何利用或者改變這種不公平性」。

第二步，不是要學習知識，而是要解決問題（P）

出於強烈的認知慣性和好奇心，你還是會忍不住想看完找到的全部數據。但不要戀戰，你無法看完這些浮上來的數據，往往點擊幾次，你會發現自己看了幾個小時的有趣東西，但是事情一點兒進展都沒有。

正如你不可能走完一座大山的所有角落，聰明的探險者懂得做個標記，下次再來，繼續向終點進發。整個過程以解決問題為最高標準，持續問自己：「這個知識對於解決問題有用嗎？」「如果有用，是當下就有用嗎？」如果暫時沒有用，做個記號收藏到你的筆記裡，以後再看。

一旦你能解決一個問題，就要嘗試多解決同類型的問題，逐漸讓這個解決方案能夠應對不同情境，自我進化。

第三步，輸出倒逼輸入（O）

大部分人欠缺的，是把解決問題的結果傳播出去。

一方面，寫作能把這些知識形成體系，整理成能出手的「知識晶體」。更重

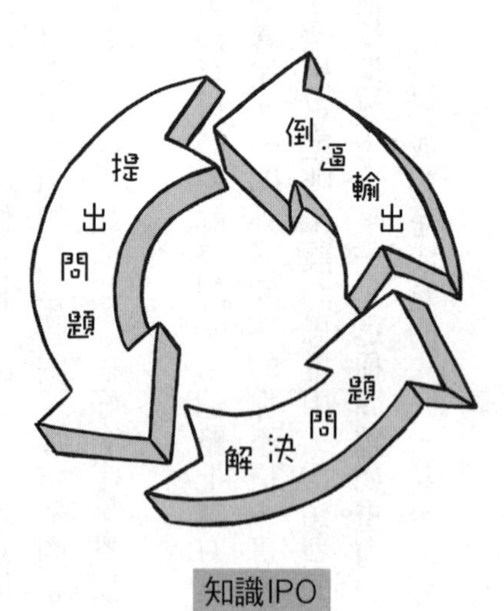

知識IPO

要的是，這個過程能兌換價值，讓更多人知道你有解決這類問題的能力。這個動作能幫你找到下一輪更大的問題，以及更大的價值，形成反覆運算。

這個迴圈能持續放大，帶來一輪又一輪的知識躍遷。

一般人常常會在兩個地方卡住：

希望集氣放大絕

產出不一定要大，但是一定要有，永遠不要低估一個正確的簡單動作帶來的可怕結果。如果寫不出一本書，就寫一篇文章；如果寫不出文章，那就寫一張知識卡片；如果沒法積累一個知識卡片，那就總結一句話，然後分享出去。

這些話、卡片、文章和書積累到一定程度，就會逐漸成形，只要稍加修飾就能產生「個體之和大於整體」的效果，完成躍遷。當你打開新的話題，過去的知識做為一個模組，再整合進更多的知識，這樣就生成了你自己的知識樹。

害怕分享

不願意幫助他人解決問題——自己好不容易想明白的事，怎麼能一下子告訴你？

事實上，最好的檢驗輸入的方式就是輸出，而檢驗輸出的最好方式，就是實際解決一個問題。幫別人解決問題，看似是他人「白白」獲益，但是自己也重新打磨了思想，修正了很多錯誤，自己的收益更大。

在行（著名知識交換網站）網上，姬十三有一個「陪你聊聊創業想法」的約見，只要三百元。這是他的聰明之處，姬十三的建議遠遠不止三百元，但是一次次地幫你解決問題，他腦子裡也在反覆打磨自己的知識積木，不知道哪天就會閃現出一個絕佳的產品點子。

秋葉是「IP大本營」創始人、國內社群運營的頂級高手。要知道，社群運營是一個非常累的事，一般人很難有認知資源再去思考背後的規律。偏偏秋葉的玩法是層出不窮、不斷領先的，這種價值可想而知；偏偏秋葉的一大愛好就是分享——每次我有什麼想不出來的地方，只要給他電話，他總會盡全力給我分享所有玩法，毫無保留。分享讓他成為業內意見領袖，幫他結交了眾多好友，重要的是，讓他時刻思考新的可能。

我建議自己的運營團隊幫別人出主意，自己的課程經理出去支持別人的課程設計，自己的運營負責人為更多公司提供運營方案的建議。這樣他們能遇到大量的問題，倒逼他們進行大量的思考。這些輸出也會讓他們的水準和業內口碑都上一個台階。我自己在在行也開通了「如何設計好一個內容產品」的約見，道理是一樣的。

一手知識這種東西，就像春天的種子，越分享越多，再放一年就捂壞了。

知識IPO，連點成線，功不唐捐。

工具箱 知識IPO

放大碎片化價值

你本來就要學習，不如順便在朋友圈碎片化更新：#今天學到了什麼#。三言兩語總結你的新收穫並分享出來，慢慢你就會成為這個領域的「知識代理人」。

如果你是運營人，是否可以學習李翔老師的做法，每週整理一份#×××運營內參#，把你一週習得的新知以清單的形式沉澱，為更多人所用。

這個清單發到一定程度可以「徵訂」：如果你希望持續收到我的清單，可以去××公眾號徵訂，或者留下郵箱，我會每週推送給你。

如果有足夠重要的人，你也可以用「照亮法則」，直接定期郵寄過去，三個月以後，你會成為某個領域的代理人，緊緊釘牢在大家心智中。

設計自己的知識MVP

MVP（minimum viable product，最小可交付產品）是產品開發的一種思路，一開始提供一個最小的具有可行性的產品。你不妨嘗試一下，設計一個最容易入門且可交付的知識IPO產品。

◎百元方案

如果你是個產品經理，前期可以定很低的價格，比如九十九元，甚至破冰價只要一元錢，為外界提供產品優化方案。再靠這一點連接參與更多的產品，而這些產品將來都會成為你履歷的一部分，為你的品牌背書。

◎生涯咖啡

請我喝一杯咖啡，我陪你用一小時聊一個生涯問題。這是很多生涯諮詢師起步的時候最常用到的方式。因為有了一杯咖啡、一小時和見面的因素，所以這是一個雙方都願意嘗試的方式。

總之，把能力封裝成輕產品，高頻次刷出去。

首席知識官

以前每個班上，都有一位愛抄筆記的小朋友，在考試前幾天，他成為人見人愛的大明星。其實，每個社群都需要一個首席知識官。整理知識也是一種知識的重建。如果你並不擅長創作知識，盡心盡力地做好首席知識官也是非常了不起的。

你也許需要學習筆記、整理腦圖、視覺引導，但是千萬要記得讓知識成為產品，不要成為自嗨的收藏品。

自下而上：構建自己的知識體系

每次我講完課，總有人拉住我提問：「老師，我能問你一個小問題嗎？」

小問題的意思，就是不會占用你很多時間，簡單回答就好。

「請講。」

「我該怎麼樣建立自己的知識體系啊？」對方一臉的虔誠準備抄答案。

我一口老血要噴出來——這是需要一本書才能寫明白的事情啊！我真想說：「要不您先完成一個小目標？比如賺一個億。」

所有的憤怒，都只是對於自己無能的痛恨——其實他問出了一個好問題：很多人學了一輩子，學校的知識體系丟掉了，而新的知識體系並沒有建構起來。人的心智缺了體系，就好像站立在流沙之上，沒法穩定地作判斷，只好隨波逐流。而且很多人即使有了很好的知識體系，但並不是自己有意識建構的結果。

但是我的確用一句話講不明白，這引起我的憤怒。這個問題我記在心裡，思考良久，打磨實踐了幾年，請教和觀察了很多人，算是交出了答案：還是沒法一句話說清楚，但是我能用一章講明白。

這一整章的內容連在一起，是一個清晰的、自下而上構建自己的知識體系，並且是讓知識產生價值的完整體系，是建立自己的知識體系，躍遷成為知識高手的技術：

- **站在知識源頭，萃取知識晶體；**
- **連線學習，用一塊晶體換回來更多晶體；**
- **以問題為中心學習，創造自己的問題樹；**
- **用知識IPO讓知識變成價值。**

下次還有人把我匆匆攔住，「老師我就問你一個小問題……」

我就說，請看《躍遷》第三章全文。

對了，你這是一個好問題。

《浮士德》最後說：「永恆之女性，帶領我們飛升。」

在知識爆炸時代，不斷地連線、提問、傳播。永恆地提問，帶領我們躍遷。

建構個人知識體系

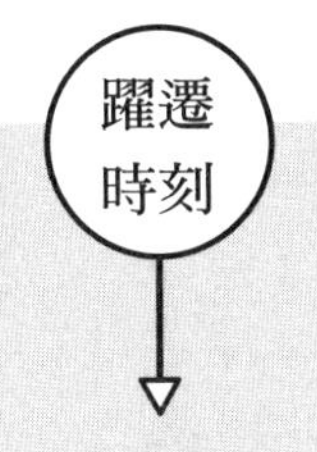

用提問學習，用連線思考，用輸出整合

- 不是學不學的差距，是認知效率的差距。
- 知識源頭與功利讀書：要區分一二三四手知識，站在知識源頭，極其功利地讀書。
- 連線學習：打磨自己的一塊知識晶體，然後和他人交換知識，連線獲取他人腦子裡最新的知識。
- 以問題為中心：區分知識樹與問題樹。
- 知識IPO：以提出問題為驅動、以解決問題為整合、用輸出倒逼輸入產品化。
- 知識體系：問題導向、連線思考、知識晶體和資訊源頭。

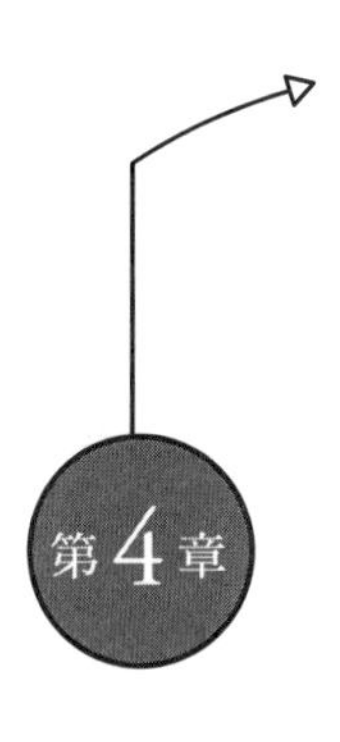

第4章

破局思維

升維思考，解決複雜問題

為什麼很多問題無解？因為答案根本就不在系統內。

「單維思考者」永遠看不懂整體的「系統思維」，看懂系統，才能破局。

人生就是一次次的破局

破局先識局

我們每個人的生活裡，都面臨很多「局」。

做想做的，沒有收益；做能做的，沒有動力。

發展不好，全力以赴；事業好了，家庭又亂；家庭穩定，身體又垮；身體好了，事業又亂了。

工作一多，沒空想事；想不清楚，就更多意外；更多意外，就更忙。

一旦陷入局裡來回重複，焦慮、浮躁也就相隨而來。

最重要的是，在每個人自己的局裡，你翻遍書也找不到標準答案。但面對困境，只能破局。人生就是一次次破局的過程。其實所謂的局，就是「系統」。

我人生第一次清晰直觀地看見系統，是二〇一五年在非洲恩戈羅恩戈羅保護區（Ngorongoro Conservation Area）。這裡原來是一個火山口，二十五萬年前火山噴發，火山灰沉積出一片肥沃的草原。高高的火山壁像一道城牆把這個小世界圍了起來──這是一個自給自足的生態小世界，被稱為「非洲的伊甸園」。

我們翻過火山壁，看到草叢裡趴著很多獅子，牠們懶洋洋地趴在那裡，一點兒沒有我在《動物世界》裡看到的威猛樣。幾十公尺遠處有很多斑馬、羚羊在安靜地吃草，相安無事。我是不是看到了假獅子？

我的黑人嚮導告訴我，獅子是一種很「節能」的動物。牠們大部分時間都在休息，只有在餓的時候才會追捕獵物。即使追捕，也會挑選一群獵物裡面的老弱病殘，這樣抓起來勝算最大。獅子想的是我要盯準跑得最慢的羚羊；羚羊想的是，我得跑得比那個瘸腿的傢伙快點兒。

站在真實世界，獅子已經不是《動物世界》片頭渲染的威風凜凜，非要抓住跑得最快的羚羊的英雄，牠們是聰明的投機分子。

不過即使這樣，從個體角度來看，獅子還是站在了食物鏈頂端。但如果再拔高一個層次，從種群的角度看，獅子也許是弱者。這個種群平時依靠吃斑馬中的老弱病殘為生，幫助斑馬更好地進化。一旦遭遇旱災，獅子這種繁殖能力低、吃肉很多的動物最容易滅絕。反倒是斑馬種群極其強悍，吃草就能活，哪怕死去大半，只要第二年雨季來臨，照樣撲通撲通生出一大片。最彪悍的種群其實是草，就算乾旱個三年，大雨一澆，整個草原全部是綠色一片。

從系統的角度看，獅子是不是挺可憐的，而草才是真正的強者？

那一瞬間，我對於獅子、斑馬、草、草原有了新的理解。我想起《狼圖騰》裡面說的「草是大命」的說法，對於自然、生態、管理、社會……很多觀點都有了新的頓悟。我突然意識到過去很多看法的單薄和膚淺——這就是系統帶給人的衝擊力。

後來我才知道，我並不是第一個有這種感覺的人。美國宇航員拉塞爾·施威卡特（Rusty Schweickart）回憶自己第一次在太空看到地球——他盯著這個懸浮在深邃太空中的藍色美麗球體，對於世界突然有了一種從未有過的感受，他在採訪中說：

> 地球是不可分割的整體，就像我們每個人都是不可分割的整體一樣。自然界（包括我們）不是由整體中的部分組成的，而是由整體中的整體組成的。所有的邊界，包括國界，都是人為的。具有諷刺意味的是，我們發明了邊界，最後發現自己被困其中。

再回到地球，他開始投身公益和世界和平事業。

破局的智慧

在本書裡，我們第一章講的是這個時代「什麼在變化」，第二章講的是「怎麼抓機會」，第三章講的是「如何學」。每一章裡，我們一起破除一些限制性的信念，教授一些技巧，完成了從認知、能力到能級的躍遷——本質上，我們都在破一個又一個的局。

這一章，我們要談一個終極的高手能力，就是「破局」的能力，也就是系統思考的能力。如果你掌握了破局能力，未來遇到更多、更新的困境，即使這本書裡沒有講到，你也可以自己躍遷。

在這一章，我們會詳細解釋「局」，也就是系統。因為只有你能認識局、理解局、控制局，最後才有可能破局。

所謂「不識廬山真面目，只緣身在此山中」，雖然我們身邊處處都是系統，但是卻很少有人能跳出來看到，要不也不會有我第一次看到系統的衝擊力了。為了講清楚這個概念，我們會談到很多也許有點兒燒腦的概念——**第一序、第二序的改變，複雜系統，迴路，層級，躍遷思考……**

要知道，我們所有的新知識都是「聽來」的。比如你眼前看的這本書，你會聽到腦子裡的聲音說「這是書」，那是因為你以前的經驗告訴你，這樣的東西是書。但如果你從未見過書，你會聽到「這是什麼」。我想要的就是這種一閃而過的困惑，這恰恰是我們可以躍遷的機會。

語言是構建思維的手段。我之所以引入這些新概念，不是秀智商，而是當你用一個全新的詞解釋事情，會倒逼你用一種全新的視角去看待生活中習焉不察的事，從而獲得完全不同的思考角度。

但當真的讀完以後，你會發現通過這些新概念看世界，複雜的世界變得非常清晰簡單，無解的問題開始浮現答案，浮躁的做事方式變得從容。

你會理解到，第四章是前面所有章節的躍遷——高手並不是能力比我們強、智商比我們高、定力比我們好，只是因為他們思考比我們深、見識比我們廣，他們看到了更大的系統。從這個角度來說，小人之小，也並不是品格的低微、智力的稀缺，而是格局之小、眼界之小和系統之小。

還是那句話，我們不怕痛苦，怕痛苦得沒有意義。我保證這一章是很有意義的痛苦過程。

升維：解決那些無解的問題

生活中的無解問題

現代社會，我們似乎都會面對無解的問題，我嘗試舉幾個例子。

永遠的減肥

春天來了，急需減重。男女老少都在減肥。

大部分人採用的方法都是少吃，然後每天秤重。結果顯而易見，剛開始特有效，但是日子一長，你總有控制不住自己的時候。

某一天經過火鍋店，麻辣味飄過來，你的腦子裡出現兩個小人，魔鬼小人說「吃一口，就一口」，天使小人說「好啊好啊好啊」，大吃一頓，回家一秤，體重又回去了。

於是你想到了利用群體的力量。我的兩位同事就是這樣，他們約好相互監督、互為戰友，一旦抓到對方晚上八點以後吃飯，罰五十塊！

這樣堅持到第三天，他們突然想到一個點子：如果一起吃不就沒事了嗎？你給我五十，我再給你五十。

他們從此過上了不要臉的快樂的消夜生活。

為什麼節食減肥沒有用？

你為什麼不陪我？

梅（May）很正式地對男朋友俊傑說：「你總不陪我，我們分手吧。」

「別別，我改！」俊傑馬上承諾要有所變化，花時間陪她逛街、看電影，看電視劇哭得嘩嘩的。梅想，也許他很重視我呢？

但是過了兩週，梅開始沒那麼多抱怨，加上俊傑工作也忙，兩個人又慢慢回到原來的狀態。梅又想說那句話：「你總不陪我，我們分手吧。」

產品不好，還是銷售不力？

公司的銷售經理總在抱怨產品太少了，客戶有這個需求、那個需求，產品部門都說太忙不能全面滿足，銷售抱怨如果能滿足這些需求，公司的銷售額早就上去了！

與此同時，產品部同事的怨氣也不小：銷售部的同事不給力啊，我們上次做的產品又賣不出去，如果你們能多賣一些，我們就有動力做新產品了！

兩個部門的經理相互抱怨，可到底是先有雞還是先有蛋？

扶不起來的職場阿斗

職場上這種案例更多。這類人經常拖延工作，但是你一說，他還態度極佳。

「咦，這個怎麼沒交？」

「哎呀，我馬上我馬上，今天家裡有事，所以……」

「前天的郵件發了嗎？對方來催了。」

「實在不好意思，這個我忘記了，這幾天都在做××的項目訪談。」

在各種藉口和道歉之後，他開始奔波忙碌，有時候甚至加班到很晚。但是這樣連續加班幾天，又需要休息調整狀態。於是下一輪的拖延開始了。

這些是不是都是你生活中無解的問題？我把它們稱為「輪迴問題」。

佛陀開示說，輪迴中的人都深陷迴圈因果中：你這輩子傷害或幫助了誰，下輩子對方就會回來報復或報恩，來來回回，因因果果，迴圈不斷。我沒死過，輪迴有沒有還不可知。但排除這個說法的宗教神秘性，你會發現「輪迴」是一種人被困在複雜系統中的絕妙的隱喻。在生活中處處都看到佛陀指出的「輪迴」現象：

不陪—分手—陪—和好—不陪

減肥—少吃—瘦—忍不住吃—胖—減肥

沒產品—沒客戶—沒產品

拖延—忙—亂—忙—拖延

一件事之所以來來回回，是因為這個局裡根本沒有解決方式。除非你能看透這個局，破局跳出，才能停止這種輪迴。大部分人的大部分時間和精力，都消耗在這種往返的輪迴問題之中，他們就像輪圈裡面的小白鼠，怎麼努力向前跑都停不下來。因為答案根本就不在前方，需要退後一步，看到整個系統，找到破局之處。

打破輪迴：第一序、第二序的改變

史丹佛大學精神科教授保羅·瓦茨拉維克在《改變》這本書中提出過一個很有洞見的概念：第一序改變和第二序改變。

事情有兩種改變的形式：一種是不影響原有模式的改變，叫作「第一序改變」，也就是「狀態改變」；另一種是模式的改變，叫作「第二序改變」，其實也就是「模式改變」。

第一序改變：系統內改變，改變狀態，改變體驗。

第二序改變：對於系統的改變，改變模式，改變結果。

想像你在開手排檔汽車，踩油門提速是第一序改變，而換檔則是第二序改變。如果你陷入一場噩夢，你在噩夢裡跑、跳、躲避、溺水、打架……這些都是第一序改變。除非你真正醒過來，才能跳出這個噩夢，醒來是第二序改變。

你沒法僅靠踩油門就換檔，也沒法通過在噩夢中做點兒什麼來中斷噩夢，所以如果當前的辦法無效，你就需要從第一序改變躍遷到第二序改變。

第二序改變，就是破局的關鍵。

不是少吃，而是加速代謝

還是來看那個減肥的例子。

減肥失敗的主要原因是：你用一種降低新陳代謝的方式減肥，這和目標背道而馳。

你天天吃得很少，潛意識可不知道你只是想穿件好看的裙子。潛意識是從東非大草原上拚殺出來的「老司機」，它特別為你著想：這個苦孩子可能是遇到饑荒了吧，快降低新陳代謝保命！於是你吃得少，但是消耗得更少，時常頭暈、心慌、乏力（幫你進入省電模式）。你大吃一頓後，潛意識又暖心地想：苦孩子終於遇到一頓飯了，饑荒的時候可不容易，快多吃，存成脂肪以後慢慢用！於是你就又胖了。

你不是瘦了，而是變得虛弱了。

還記得小時候你做的數學題嗎？如果一個水池加滿水要兩個小時，放空水要一小時，如果同時加水、放水，多久才能放空？吃就是加水，新陳代謝就是放水，而水池裡的水是你的體重。當加水減少，身體本能地會自動降低出水——新陳代謝降低，你只是變虛弱了。

真正健康的減肥方式聽上去特別像陳詞濫調——提高新陳代謝，讓消耗量大於輸入量。如何提高新陳代謝呢？改變你的生活方式，讓**飲食觀、作息觀和運動觀三觀統一**。多吃營養均衡食品；多運動，提高肌肉含量會加速代謝；多睡覺，睡眠其實能加速新陳代謝，非常利於減肥。近期的研究甚至發現，充足的睡眠比運動減肥效果更好。如果你要監控新陳代謝率，在剛開始的幾天，體重反而會增加。

不是關係問題，而是目標問題

至於銷售經理和產品經理的深究，不是人品問題，也不是制度問題，而是企業的客戶定位不清晰，把銷售額當成唯一指標。

缺乏清晰的客戶定位，產品研發者就沒法集中火力針對某一客戶群反覆運算出足夠好的產品，自然沒法獲得決定性的市場優勢；產品沒有競爭力，而銷售要短期內創造利潤，只好轉向其他客戶，提出各種產品需求。產品經理如果接招，一定會加速這個迴圈。最後，企業往往進入的不是一個有一萬家公司的市場，而是進入了一萬個市場，一個市場中有一家公司。

解扣的方式是重新調研，圈定大市場的核心痛點，暫時不盯著銷售額，而是盯著目標客戶滿意度。

跳出問題，打破閉環，重新定目標，每個人都能跳出輪迴問題。但如果看不到第二序改變，你會永遠來回重複第一序改變。不僅如此，有時候第一序的改變往往會妨礙我們做出第二序改變。法國有一句諺語：**我們常常改變，是為了不變。**

不是陪不陪，而是如何陪的問題

再看看梅和俊傑的故事。俊傑有所改變，僅僅是因為不願意面對真正的問題——戀情一開始的激情、神秘感褪去，找不到維持長久關係的方式，僅僅一方感到舒服的「陪伴」並不能持久。這個時代大家都很累，為什麼休息時間要「陪」，而不是「一起玩」呢？哪怕你愛玩，我愛看著你，也很

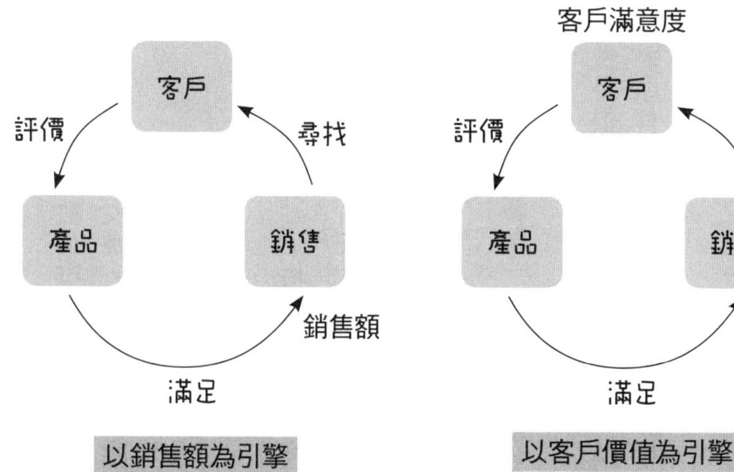

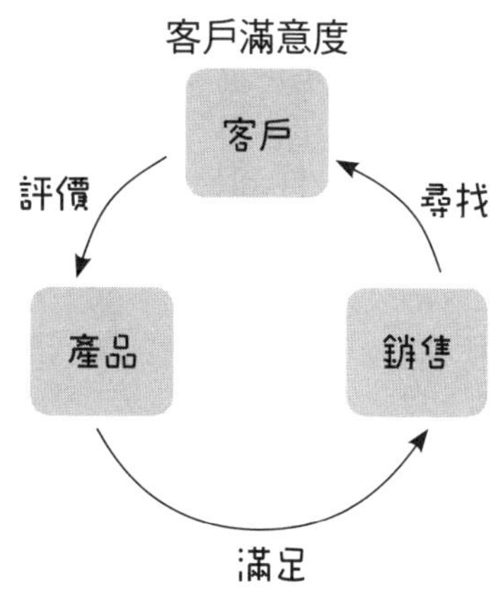

美好啊！

雙方都想不到，或者不願意面對這個層面，於是反反覆覆地，用第一序的改變來阻止第二序的改變。一場戀愛，其實是兩個心智模式的系統反應，如果意識不到這一點，其實就是一場場的輪迴。

不是態度，而是能力問題

還有那位出了問題就一頓道歉的同事。他的道歉只是為了更深地掩飾自己——聽不見指示、搞不清重點、劃不明白邊界。態度的改變，就是為了心智模式不用改變。

常常有人來諮詢職業發展：「我現在做得不是很專業，喜歡的那個我也不知道能不能做好，我是不是應該去嘗試追逐夢想？」

選擇新領域不一定是壞事，真正的麻煩是你沒找到「做得不是很專業」背後的原因。這樣在嘗試新東西的第一序改變發生後，你又會重新開始「做得不是很專業」的迴圈。

一個真正成熟的人並非要追逐夢想才能把事情做得很專業，因為他知道即使追逐夢想，也會遇到很多麻煩和短暫的迷茫。這都需要你有一種在不知道是不是夢想的情況下依然堅持刻意練習的能力。而有人恰恰缺乏這個能力。

如果沒有意識到自己的這種問題，選什麼都不會好。更加可怕的是這樣做還會上癮。因為宣布「我不合適」太容易了，而認識到「我有問題」很難，所以很多人在選工作、選公司、選感情上，都用選擇代替努力。

對於輪迴問題破局，第一序改變是不夠的，要第二序改變；拆牆是不夠的，要拆天花板；第一反應是不夠的，要第二反應；直覺是不夠的，要反直覺。

大部分人的精力都消磨在了第一序改變上，這恰恰阻礙了他們的第二序改變，也正是因為在第一序中花了太多能量，所以他們一直無法躍遷。

所謂的躍遷，就是一次次讓自己做第二序改變，一次次地破局。而改變的第一步，就是識別所在的系統。

系統：新手看樹木，高手看森林

孔子的弟子子貢遇到一個來請教孔子的人。子貢問，您有什麼問題問我的老師呢？

對方說，我想問問一年有幾季。子貢說，四季啊。對方說，不對，明明是三季！雙方爭吵起來，聲音驚動了孔子。

孔子觀察了一會兒，對那個人說：你說得對，是三季。那人大笑而去。

子貢問，先生，一年為何是三季？

孔子說，你看那個人一身青衣，應該是螞蚱所變。螞蚱春生秋亡，哪裡見過冬天？在他的腦子裡根本沒有冬天，所以他就是個三季人，你和他討論上三天三夜，也沒有用啊。

如果以後你看到不講理的人，記得提醒自己——他是三季人，你也就心平氣和了。

但是今天，如果你只見事物，不見系統；只看到第一序改變，看不到第二序改變；只看到樹木，看不到森林；只看到事物，看不到事物背後的系統，你也就是個現代社會的三季人。

看不到系統，就永遠看不到第四季。

這個世界就在你眼前以一種你無法理解的方式運轉著，就好像《哈利波特》裡的魔法世界，你是個麻瓜[14]。

什麼是系統？

試著觀察水流裡的一顆石頭——水流衝擊石頭，會在石頭旁邊形成波紋。這個波紋很有趣——每一秒鐘，構成它的水分子都是變化的，但是波紋的形狀卻是穩定不變的。那麼這個波紋是變化的還是不變的？

石頭、水流都是「元素」；波紋則是系統的「功能」；石頭在水流中的位置決定了這個波紋的形狀，這是「關係」。**一個系統至少包含三個因素：元素、元素之間的關係，以及系統的功能。**

波紋展示出一個系統的基本特質：**系統由元素和元素之間的關係構成，元素之間的關係比元素更重要。**換一顆石頭，只要還放在同一個位置，這個波紋就存在。關係不變，功能就不變。

在前面舉的輪迴問題裡，減肥、戀愛、商業價值……如果內在的關係沒有改

14. 魔法世界裡把不會魔法的普通人叫作「麻瓜」。

變，即使換一個人、換一個團隊，這個迴圈依然不會有改變。同樣，如果一個人的心智模式沒有改變，即使他換十份工作、二十個女朋友，最後也會陷入同一類麻煩。第一序改變的是元素，第二序改變的則是關係。

其實在理解複雜系統之前，我們早就體驗過自然界和社會中無處不在的系統了。瀑布的每一滴水都是動態的、流動的，但是瀑布的形狀是穩定的，花園、森林、海洋、雲朵全都是這樣的系統；我們的血液細胞每三個月就更新一遍，但是我們的身體是穩定的；我們的思想、理念、記憶如流水般持續更換，但是我們的自我是穩定的；大學的學生每年都更換，但是學校的名聲和學術地位是穩定的；北、上、廣、深每年的人流量巨大，但是城市是穩定的。

仔細思考一下：企業、國家、民族、金融體系……構成這些系統的元素都是流動的、動態的，並沒有哪一個人、哪一個領導決定了企業、國家、民族、金融系統的功能，但是這些系統都穩定有效。**只要不改變系統的內在結構和功能，即使替換所有的元素，系統也會保持不變，或緩慢變化。**

羅伯特．M．波西格在《禪與摩托車維修藝術》裡寫道：「即使工廠被拆除了，只要它的精神還在，你就能很快重新建立起來一家。如果一場革命摧毀了舊政府，但新政府的思想和行為的系統模式沒有變化，就難以逃離再次被推翻的命運。關於系統，很多人掛在嘴上，但沒有多少人真正理解。」

知識源頭・系統科學

正式介紹一個有趣的學科給你：系統科學。如果不能瞭解一些系統科學的知識，也就不可能真正理解現代社會，更不可能解決困擾你的那些問題。

系統科學是一門近代發展起來的跨領域學科，研究的是自然界和人類社會中被稱為系統，特別是「複雜系統」的物件的內在特性。

系統科學這個概念在二十世紀二〇年代率先由美籍奧地利生物學家路德維希・馮・貝塔朗菲提出，發展到今天，它已成為一個內容非常廣泛和跨領域的學科。下面是複雜系統的複雜知識圖譜。

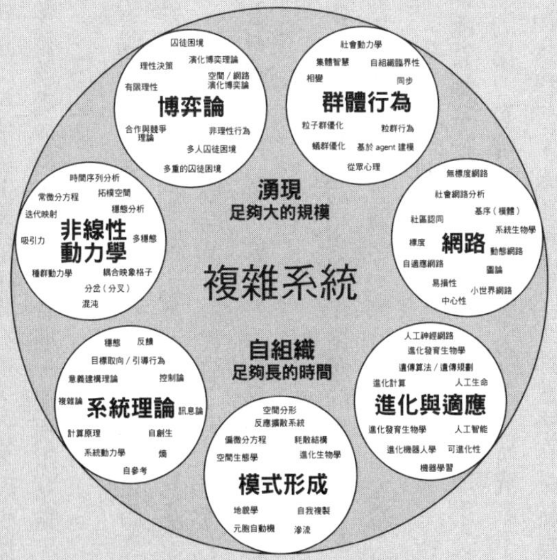

系統科學及其分支

你看出來了吧，這個學科的現狀有點兒像古希臘時期的科學。亞里斯多德曾經以一己之力把哲學分成了物理、形而上學、戲劇、音樂、生物、經濟、動物、邏輯等十一個學科。《百年孤寂》開篇第一句說：「那個世界是如此嶄新，許多東西都還沒取名，提及時得用手去指。」亞里斯多德就處於科學的洪荒時期，他指指點點，每分出一塊，後來幾代人都得研究一輩子。

今天，系統科學也處在當年的洪荒時代，人類幾乎剛剛意識到世界是這麼運作的！這個學科涵蓋了一堆讓人不明覺厲的領域：控制論、資訊理論、系統論、運籌學、博弈論、湧現、自組織、自動化、協同學、耗散結構、搜索論、人工智慧……凡是與發展和大型工程相關的自然現象和社會現象，都可歸納到系統科學與工程的範圍來討論。

如果說近百年來，物理界最大的兩棟樓是宏觀的相對論和微觀的量子力學，物理學家們都致力於連接兩棟大樓，那麼在工程和科技發展中，你看到的三座大廈——網路、自動化、電腦與人工智慧，有著同一個地基，即系統科學。

近現代的所有大型工程中，你都能看到系統科學的影子。從科學管理之父泰勒的「泰勒系統」，到貝爾實驗室發明的第一套電話通信系統；從美國研究原子彈的「曼哈頓計畫」，到蘇美登月工程、網路科學、人工搜索……都建築在系統科學基礎之上。

好了，我估計已經把你嚇壞了。我並不準備展開關於系統科學的解釋，一本書根本不夠，你可以從書末「躍遷書單」中找到更多系統科學的入門書。現在，我們還是來談談如何利用系統科學，實現解決問題的認知躍遷。

回顧一下關於系統的知識：

- 所有的系統都是由元素、關係和功能三部分組成；
- 元素之間的關係比元素更重要，整體大於部分之和，多出來的部分就是元素之間的關係；
- 關聯式結構不變，系統的結果也不會變。第二序改變，改變的就是系統的結構。

單獨看，系統的思維方式也沒有什麼特別，但是把它和工業化時代最核心的思維方式「細分—分析」作比較，就會發現兩者巨大的思維差異。

還原論與系統論

工業化時代，我們發展出來一套科學的、有邏輯的、不斷細分的系統，最後把事情拆分成很多元素的思維方式，我們稱之為「分析」。

福特的流水線就是典型的細分思路——最早的汽車只有幾個老師傅手工完成，福特把汽車的安裝分成幾千道工序，細分到普通人一經訓練即可上手。然後福特把汽車車架懸掛起來，讓它們以一種恒定速度在車間轉動。這極大程度促成了分工、提高了效率。福特這種思維方式就叫作「還原論」，**複雜的事情可以拆分為各部分的組合來分析**。

大部分諮詢公司的處理方式就是這樣——世上無難事，只要肯細分。細分找到問題點，然後替換一個部件就好。

這種思維方式幫我們取得了巨大的成就——分子原子的發現、各個專業學科的出現、流水線的發明，都依賴這種細分的思維方式。根據這種思維方式，**如果一個事情出了問題，最好的解決方式就是增加或替換一個元素，如果短期有效，那麼長期也應該不錯**。但這種思路面對複雜社會問題，往往會顧此失彼。

如果你是一個城市的法律制定者，面對城市的高犯罪率，你會加重判罰以威懾罪犯嗎？

表面上看，加重判罰是一個仇者痛、親者快的好辦法。但是事實顯示，重罰並不會降低犯罪率，反而會增加。

為什麼？首先，嚴刑雖然在當時增加了威懾力，但九五％的人還是會出獄，重新回到社會——因為他們的經歷，他們會更加仇視社會，難以融入社會。有近一半的刑滿釋放人員三年內會重新入獄。其次，這些罪犯很多都做了父母，在家庭不完整的情況下，第二代犯罪率會更高。再次，這種「犯罪—打擊」的不假思索的反應，會讓原來應該花在社會改革、改造犯人方面的資金投入到加強監獄建設和執法力度中去，進一步惡化這種情況。最後，青少年罪犯中，有八〇%都是衝動型犯罪，不走腦子。這種情況下，嚴刑威懾並沒有用。把他們投入監獄，只能讓他們進入「犯罪大學」。

今天，這種單維、短期的思維方式在身邊比比皆是。

- 讓一個地區脫貧，最好的方式是給錢；
- 如果自己發展得不夠快，那就要更加努力；
- 生病了是因為有病菌入侵，殺死病菌就不生病了；
- 敵我公司之間，你死我亡，你好我不好；
- 對於不確定，最好的方式就是多存錢，躲開風險。

但在真實世界的複雜系統裡，這些方法都逐漸失效了，真實的情況往往更加複雜和反常識：

- 數千億的資金投入非洲，並沒有讓非洲脫貧；因為貧困是一種政治和心智問題，援助往往讓當地官員更加腐敗奢華，錢發不到民眾手中；即使少數到了窮人手中，他們也傾向於消費一輪，而不是改變困境；

- 很多職業快速發展的人，不僅是因為自己努力，還因為聰明地借助了趨勢；
- 流感病毒不會主動攻擊你，相反，是你自己身體狀況恰好適合流感病毒的生長。對於慢性疾病患者，「不惜一切代價殺死病狀」的過度醫療方式會讓其生命品質變得糟糕，現已逐漸被「與疾病和諧共處，提高生命品質」的姑息治療思路替代；
- 競爭對手的股票往往是共同漲跌的。石油價格下跌，特斯拉汽車的股票也會下跌，因為石油便宜，大家都不著急用新能源了；
- 最好的應對不確定的方式是管理它。人工智慧會極大地衝擊投資領域，怎麼辦？投資人傅盛的觀點是，重倉人工智慧，形成對沖——人工智慧發展得好，自己賺錢；人工智慧不行，自己繼續賺錢。

這就是系統論的思考方式，我們可以看到傳統思路和系統論的不同思考方式。

到底還原論好，還是系統論更好？

其實角度沒有好壞，都是簡化世界的一種方式罷了。主流的觀點是：在解決獨立、單點、局部的簡單系統時，還原論的思路更加有效；在面對複雜問題時，系統論的方法則更加有效。在分析物理、化學這種非生命體、自然科學的時候，還原論更有效；在討論生物、社會、心理這種生命體、交互性多的領域，系統論更重要。

（見下頁表格）

傳統思考方式	系統思考方式
問題的因果關係很明顯	問題的因果關係不明顯、不直接，而且常常互為因果
外界的人和事是我們問題的根源，只要換掉他們，問題就解決了	我們自己創造了自己的問題，改變自己的認識和行為，對解決問題有很大幫助
一個方法若短期有效，長期也就有效	短期的修修補補，長期反而有壞處
優化每個部分就能優化整體	優化結構就能優化整體
下猛藥，同時開始很多獨立的改變	只做幾個關鍵的長週期動作，會讓整體改變

比如自然界的生態問題、社會金融、企業經營、人際關係、慢性病、心智模式……這些複雜、交互的事情，用單維的方式解決問題，問題會越解決越多。

當我們戴上系統的透鏡，混亂、複雜和變化的世界會變得清晰、從容和有序起來。

今天，萬物之間皆有聯繫。每個人都需要面對越來越多的系統，也會進入越來越多的系統。在紛繁複雜的世界之下，有簡單重複的系統原型。你想像的系統有多大，你就能調用多少東西，就有多大力量。

如果不理解系統，即使看到一切，你也什麼都看不見，你只是「look」（看），而並沒有「see」（看到），更不要說「insight」（洞察，英文原意「看懂」）。世界屬於能看懂系統的人。**這個**

世界的絕大部分運作，都不在你眼前發生，世界早已先你而行。如果你看不懂系統，就是現代世界的睜眼瞎。

所以，新手要學習系統，老手會利用系統，而高手需要破局。

系統最重要的是關係，我們從最重要的兩個關係說起——時間關係和空間關係。

一個人看問題有見地，無非兩個方向——看得遠和看得透。看得遠是能看到事物發展的脈絡，找到過去和現在的關係，找得到「迴路」；看得透則是能夠理解事情背後的真正規律，看到事情背後的「層級」。

我們從這兩個角度入手，介紹「迴路」和「層級」。

迴路：設計人生的增長引擎

十九世紀大文豪巴爾扎克曾抱怨：「我需要休息，讓我的大腦重新煥發活力，旅行就能讓我休息。但是要能去旅行，就必須得有錢；為了賺到錢，我必須要工作……我陷入一個惡性循環裡，根本不可能逃出魔爪。」

巴爾扎克不知道，他的問題還挺現代。很多現代人都遇到過這種巴爾扎克式困境。旅行、錢、工作看似無關，卻串聯在時間之上，像是一條咬著自己尾巴的貪吃蛇。

如果看不到它們的內在聯繫，就會短期內什麼都想要，休息的時候想旅行，旅行的時候擔心錢……怎麼都不順。好比你抓著一條蛇的頭，同時又想拽住牠的尾巴，其實是自己和自己較勁。

這就是一個以時間為關係的系統——迴路（loop）。迴路是一種會自我增強的系統。不過巴爾扎克式的自動增長可不是好事，會陷入越來越忙、無法脫身的困境。一個迴路的最顯著特徵就是自我強化的正迴圈和負迴圈。

當然，正負是我們人類的觀點。如果增長的是投資，就是正迴圈；如果是債務，那就是負迴圈。系統不管這個，系統就管迴圈。

比如，「忙—亂」就是一個迴路，越忙越亂，越亂越忙。

前面說過，在系統裡，結構決定結果——具體在忙亂什麼、誰在忙亂都不要緊，一旦增強迴路形成，這個迴路就會自我強化，一直到系統的上限受不了為止。這種迴圈在我們身邊處處可見，搞好了，是人生的增長引擎，搞不好則是人生的死亡螺旋。

下面我列出人生最常見的八種迴圈，有增長引擎，也有死亡螺旋。

四種增長引擎

好習慣

仔細觀察，所謂好習慣，本質就是那些能自增強的正迴圈的行為。比如，持續學習的習慣，是「學習—成長—增值—學習」的

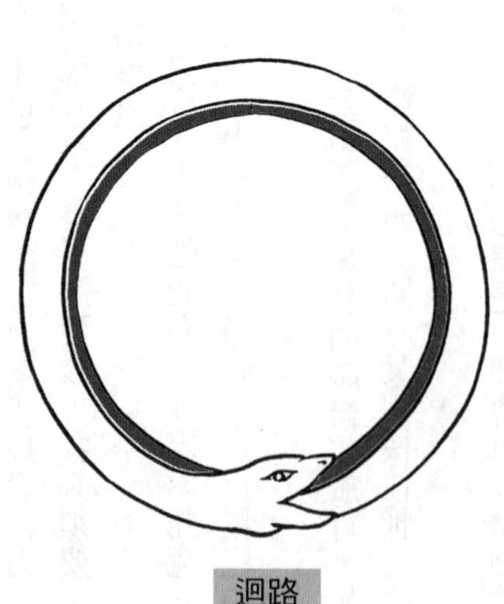

迴路

迴圈；堅持鍛鍊的習慣，是「鍛鍊—精力充沛—鍛鍊」的迴圈；與人為善的習慣，是「善意—回報—善意」的迴圈。

鑑別一個習慣好不好，只需要看它是否能夠形成正迴圈閉環。

到底是焦慮型學習還是有所成長？關鍵是學習能否「增值」形成閉環；到底是「作」還是鍛鍊？關鍵看是否構成「鍛鍊—精力充沛—鍛鍊」的閉環。很多白領平時不鍛鍊，週六、週日狂虐拉練，往往會把自己弄傷，其實這是訓練過度。這樣看來，那種「輸血式」的助人，不是真的想幫人，只是求認同罷了。

從興趣培養到能力養成

因為對一件事感興趣，投入足夠多時間練習，提升了能力；因為能力提高，所以更好兌現了價值；因為有所回報，所以更加感興趣；一個愛好逐漸養成了能力，甚至成為職業。這個模型叫作「職業生涯三葉草」，我在《你的生命有什麼可能》裡有詳細的解釋。

快速學習的知識IPO

通過思考問題、解決問題和輸出產品，把自己的思考結果向外輸出，從而吸引更多重要的問題輸入，形成一個迴圈。所有偉大的知識工作者都在跑通這個迴圈。彼得．杜拉克的生產模式是：**用諮詢驅動，用講課整合，用寫作產品化。**

企業管理中的「信—任」迴圈

因為對某個人有信心，所以授權、委任；對方因為獲得委任和授權，擁有更多的機會，產生更大的信心。當然，信任要以制度為底線，否則就變成了放任；信任也要以目標為高線，這樣就會進一步變成責任。

四種死亡螺旋

窮者越窮

貧窮是一種心態，窮者越窮就是一個典型的死亡螺旋。

忙—亂—忙

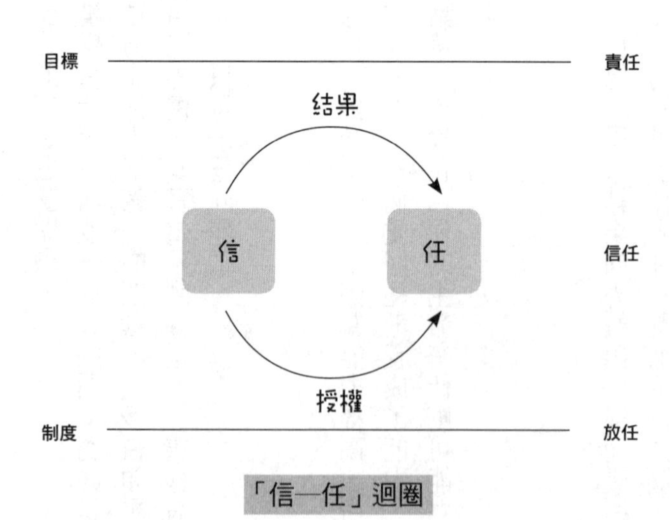

「信—任」迴圈

稀缺—沒有資源想長遠的事—稀缺
物質匱乏—誘惑多—自控力消耗—物質匱乏

如果不能打斷這個迴圈，你也許會一直窮下去。最好的方式是先停下來，控制住混亂場面，然後引入資源思考、學習和規劃，建立起另一個正迴圈來抵消負迴圈。引入一些導師、諮詢師幫助你思考也是好方法。總之，你要用一條「想未來—高收益」的小迴圈抵消這個窮困迴圈。

投入不足

很多企業面臨這樣的問題：利潤下降導致研發投入不夠，研發投入不足讓競爭力進一步下降，與此同時公司還不敢停，因為養著很多工人和廠房，一旦停大家都得挨餓，就像坐在火山口上，惶惶不可終日。

企業這個時候應該盡快謀求轉型。個人一旦陷入這樣的閉環，最好的方式是找到脫困的機會，借錢重新學習一門技能，或者換一個高價值的工作。

如果沒法整體轉型，聚焦在一個點上會更加有機會。有些家庭選擇集中力量培養一個孩子——老大守在家裡，老二出去打工，讓老三有機會出人頭地；有些地方的民風則是一個家族甚至整個村莊供養最有出息的孩子，都是一種明智的解決方式。企業則可以選擇讓某一個產品持續反覆運算。

工作狂迴圈

工作狂和熱愛工作的最大區別是，工作狂需要工作，而熱愛工作的人熱愛工作。就好比癮君子需要毒品，而不是熱愛毒品一樣。

工作狂—家庭投入少—家庭沒成就感—工作狂

這是個負增強迴路。很多職場人在公司很忙，對家裡投入少，一段時間後，家人都對他有怨言。雖然說家庭很重要，但要頂著家人的怨氣融入家庭，並不是件容易事，於是下意識地就選擇少回家。家人怨氣因而更大，導致他回家次數越來越少。很多人是被逼成工作狂的。如果你們家有個工作狂，記得要雙方一起努力。

做自己

求認同—找不到自己—求認同

一定要說說這個閉環——在這個滿世界都在比賽誰更自我的時代，「秀出自我」是一種毒。

很多「找自己」的人，不管是找夢想還是找天賦，內心的訴求是「求認同」。

越是求認同，注意力就越放在外界的關注、外界的高手上，也就越難找到自己的天賦、夢想和激情。這也讓他們越來越焦慮。

其實，你怎麼可能通過討好別人來做自己呢？與他人攀比是永無寧日、絕無勝算的自我恐怖主義。

停止這種迴圈的方式是把一部分注意力放回到自己的身上，關注自己的需求和優勢，在方式方面借鑑，在步調方面有自己的洞見。

工具箱 迴路高手

以上是八種個人成長中最常見的正、負迴圈。那麼如何創造正迴圈、停止負迴圈呢？

識局

系統的迴圈寫出來其實特別清晰簡單，為什麼很多人還是往裡跳？

因為反饋迴路都有一個玩死人不償命的特點：短期感受和長期收益總是相悖。正迴圈的學習、健康、投入、習慣剛開始都感覺很累，並不舒服，而負迴圈的開頭——忙帶來的充實感、不投入的安全感、工作狂的成就感，短期感受都很好。

所以人們往往為了不改變而改變。

我因為一半遺傳一半自己作，得了痛風病，發作的時候常常整晚睡不著覺。連續好幾天，疼痛終於過去，這時往往因為休息不好、身心俱乏、情緒低落，覺得應該好好工作一段時間，努力補上進度。

這一努力往往就有點兒過——連續好幾週寫作、思考、讀書。做著做著就會有點兒小成，於是得意忘形，找來三五夥伴喝酒，這時距離上一次痛風發作已經一兩個月，痛苦也忘得差不多了。疲勞加上高嘌呤食品，往往又會犯痛風。

病—工作過度—吃喝彌補—病

這就是我在自己身上找到的第一條增強迴路，花了兩年時間，才摸到這個迴圈。每次和人分享，都有朋友拍大腿：原來如此！每個人和自己反覆發作的病症，都有一個迴圈迴路。

好的破局者往往知道：當一個體驗短期很爽的時候，你往往要警惕：長遠的損失是什麼？而當這個體驗短期痛苦的時候，你也需要自我激勵：長遠的收益會是什麼？

搭建正循環系統，破壞負循環系統，切斷自毀線路

做為一名系統思考者，你能養成的最好的第一個思維習慣就是逆時間打斷負迴圈：

- 如果忙得沒空思考，那麼沒空思考是否讓你更忙呢？
- 如果因為窮，所以總希望翻盤，那麼總希望翻盤是否讓你更窮呢？
- 看到人口帶來貧困的報導時，你也一定要嘗試思考，貧困是否也會帶來人口增長呢？

一旦發現這些情況是首尾相連的，盡快打斷這種惡性的負面迴圈。你可以通過直接打斷、引入更多資源，或者搭建新的迴路來實現。

第二個思維習慣是順著時間搭建正迴圈：

- 如果寫作能為你帶來名聲，那麼如何用名聲幫你更好地創作？
- 如果技能精進能讓你獲得成功，那麼如何用成功讓你更加精進？
- 如果做某件事情能讓你有所收益，那麼如何讓收益帶來更多類似的事情？

第一個問題的答案就是第三章提到的知識ＩＰＯ，第二個問題的思考結果是連線學習、「以答案換答案」的方式；第三種情況其實就是投資的本質，用賺來的錢繼續投資。

一旦有了這個意識，你就開始成為一名系統思考者，你的人生開始搭建各種細小的正迴圈迴路，而那些侵蝕你精力的負迴圈也會慢慢停止。

學習一些能自動增長的技能

有一些技能天生自帶自動增長能力，非常重要。

讀寫能力：好的讀寫能力能讓你接觸到更多好數據，成為更好的讀者或寫手。

破英語：我不認為成年人需要把英語學到多好，更聰明的做法是夠用就好的「破英語」，熟練利用谷歌翻譯、維基百科、亞馬遜、字典軟體、搜索網站迅速找到大量英語數據，在應用的基礎上慢慢提升。

社交能力：人際交往能力會讓你認識更多人，反過來強化你的社交能力。

解決問題：尤其是在系統的層面，你看到的系統越多，世界對於你而言就越簡單，於是你就有更多資源來理解世界。你慢慢會看透世界的規律，實現思考力的躍遷。

聰明的善良：善良是世界上傳遞最遠、增長最快的東西，但是笨拙的善良往往會帶來摧毀你的負迴圈。聰明的善良是重要的自動增長技能。

理解了迴路，也就理解了規律，你看問題的眼光會變得長遠，不再浮躁。

下面我們談談另外一種關係——層級。

層級：看問題很透徹的技術

高效能人士的多層系統

三個乞丐冬天在巷子口討飯。甲對乙說：「我要是皇帝就好了，我就讓公差把這條街的剩飯全部都收來歸我，不用討。」乙說：「你就知道討飯！我要是皇上，我就打個金斧頭，每天砍柴去。」丙嗤之以鼻：「你們兩個窮鬼！都當了皇上，還要幹活嗎？讓娘娘們天天烤紅薯伺候我吃！」

如果你覺得這個故事好笑，那你天天喝的這些「怕就怕成功的人比你更努力」的勵志雞血，也挺好笑的。成功人士的確努力，但是努力對成功的影響並不如你想的那麼大。

比如前段時間刷爆朋友圈的文章〈首富王健林的一天〉裡，談到了首富一天的日程表：

二十四小時，兩個國家，三座城市，飛了六千公里，簽了五百億元合約……早起健身，條件允許就請警車開道，只為節省時間。在飛機上開會研究專案。每天工作十二小時。

如果僅僅拚努力，我們對比一下快遞員的工作強度，也能寫出一篇很煽情的文章：

> 二十四小時，十二棟大樓，三個城區，敲開了四百扇大門，遞送包裹總價值五十萬元……早起健身（分包裹），電動車開道只為省時間。中午和哥們兒研究送貨路線。每天工作十二小時。

我很尊敬快遞小哥，憑努力賺錢，非常厲害。但努力是快遞員和王健林的最大區別嗎？

顯然不是。王健林的效能其實高在：去哪兒、和誰簽訂五百億元合約，（和誰）聊項目，（花錢）請警車開道搶時間。這麼繁忙，他也非常專注，從不外包健身、讀書。這些都是智力、資源和自我管理，和努力關係不大。乞丐和低水準努力者，都困於「平面思維」——在最低維度思考，並且認為高層的人也一樣。

高效能人士的自我管理體系是一個「高效能塔」：

- 資源層：個人投入的時間、精力、金錢、情感資源；
- 方法論層：使用資源、提高效率的方法論；
- 目標層：選擇做什麼、不做什麼，以及背後的價值判斷。

勤奮也是有境界的：低水準勤奮靠努力，中等水準勤奮靠方法論，高水準勤奮靠選擇目標。之所以說你處在「低水準勤奮」，其實是因為大部分人都停留在這一層；還有一部分人著迷於第二層；其實很多的力道，應該用在第三層。我且命名為**「勤奮的三重境界」**。

假如你希望快速學習、成長，一年內成為一個「有核心競爭力」的人，你在這三個層面如何提高自己的效能呢？

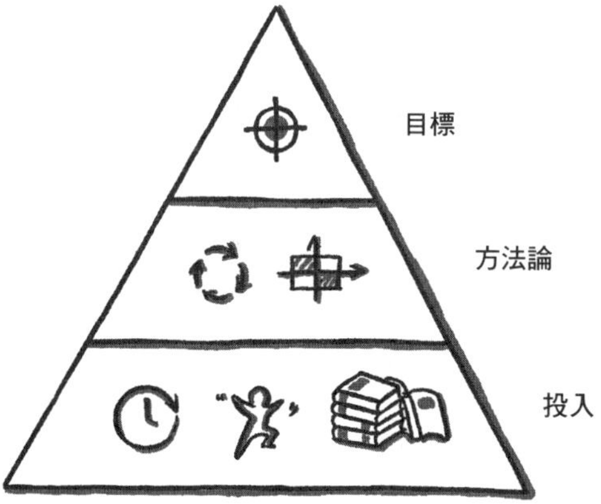

目標
方法論
投入

高效能塔：效率的層級

勤奮的第一重境界：很努力

你是否願意學習？處在這個層面的人應該都有知識焦慮。

那你是否空出來時間、精力和財力來學習？現在好的學習資源很便宜，但很多人明明有學習焦慮，卻沒有學習時間；明明有學習時間，卻沒有學習精力。

所以，要學習，要付費學習，要空出時間、精力來學習。

勤奮的第二重境界：方法論勤奮

那麼如何更高效率地調用時間？如何更好地調配精力？如何見縫插針地學習？如何保持碎片化的系統性？如何找到好知識？如何確保學了有用？如何跟他人學？如何做筆記？如何把知識應用到實踐中？

一定要相信，你今天遇到的問題，早就有人經歷過，並且找到了更好的方式。你要做的，只是學習。這其實就是如何將各種方法論應用到實踐中：時間管理、精力管理、專案管理、學習方法、知識管理等一系列方法論的內容，也是我在「得到」的《超級個體》專欄二〇一七上半年的主體內容。

好的方法論不和自己對抗，而是簡單利用人性。比如我在《心理自衛術》裡面講到如何控制憤怒，不用大段的心理學技術，只要數數就好。別看數數很簡單，其實有竅門：第一，千萬不要正著數一、二、三、四、五、六……這是戰備狀態，數到十就衝出去打架了；第二，不要按照數位順序數，這調用不到理智腦，要間隔數：十三、十一、九、七、五……這樣數到一就平靜了。

設計精巧的方法論都是簡單、易操作的，沒有複雜的說明書，以至於一開始你會覺得太簡單了。但這種方法論最實用，因為在高壓力的實際操作情況之下，占用系統記憶體越少的工具越好。好工具在設計的時候已經充分利用了人性，不需要你專門花心力使用。上述這些以及柳丁學院的三件事、應用軟體GTD的番茄鐘、生命之花、ETA（預計到達時間）、WOOP[15]思維心理學等都是極好的方法論。

一定要相信，**你今天遇到的問題，早就有人經歷過，並且找到了更好的方式。你所要做的，只是學習。**

不過任何東西過多，總不是好事，尤其在更高層系統不明確的時候，我們身邊不乏方法論狂熱者。

比如，我們身邊有這麼一種人，就叫他小明吧。

小明報過很多課，看過很多書，知道各種個人成長方法論。每次我說一個方法，他都能舉一反三，瞬間丟一篇公眾號文章來，裡面有詳細的建議。我有時候都想，讓他做《超級個體》專欄算了。

15. WOOP，即英文wish（願望）、outcome（結果）、obstacle（障礙）、plan（計畫）的字首縮寫。

這樣一個人，對自己期待自然很高。但是小明越努力，招式越多，越找不到方向，尤其是這些方法論和菁英的說法有時還彼此衝突，左右互搏，小明非常迷茫。有一種心理疾病叫作「躁鬱症」，就是狂躁和抑鬱交替發作，一會兒覺得自己無所不能，安靜下來又覺得自己相當無能。狂熱分子的另一面，就是信心突然結冰。每隔一段時間，小明就覺得一切都沒有用、沒有意義。

我把這種人比作「成長界的王語嫣」。金庸小說《天龍八部》裡的王語嫣識得各大門派的武功，表哥一邊打架，她還一邊在旁邊點評。但是王語嫣永遠成不了高手，因為王語嫣缺乏兩樣東西：**上層缺一棵清晰的問題樹，底層缺好的執行力和精力管理。單層思維、戰術勤奮的王語嫣，永遠只能當功夫解說員。**

要解決這個問題，還是要向上躍遷一層。

勤奮的第三重境界：更少目標，戰略勤奮

但是，到底什麼是核心競爭力？我到底在什麼賽場和誰競爭？有什麼優勢？這些優勢會越來越有用嗎？在更高層面獲得了競爭力，對我有什麼價值？

很少有人會思考這些問題，而這些都是生涯規劃、個人戰略、人生設計的話題，本書第二章也都在講這些內容。

產品經理J過來和我抱怨，在小公司，產品經理經常變成專案催活的，所有零零碎碎、技術難度不高的活，好像都是產品經理的。J學了專案管理，學了各種分析工具，因為催不動美工自己還學了UI（使用者介面）設計的一些技術，但還是不知道自己的核心競爭力在哪裡。

其實產品經理最核心的競爭力是「洞察客戶、理解趨勢、關注同行」。只要你能夠洞察客戶需求，就能說服各個領域的高手按照你的想法工作；只有你足夠理解趨勢，才能在關鍵時候引爆；只有你關注同行，才會不斷被啟發用新的方式組合內容。

當然，這一切都需要建立在大量的數據和訪談之上。和獨立思考有想法的人談感受是沒戲的，只有拿出來大量的數據、訪談，他才會老老實實認同你比他更懂客戶；只有拿出足夠多友商的玩法，他才會承認你瞭解市場。

當你有了這個能力，自然就會撬動一流人才的注意力，既不需要你天天催促，也不需要你忍不住自己做個UI。如果想不明白這些，花再多的時間去學習各種管理、技術、板塊……短期有效，長期無能，還會被專業人士超越。越忙越沒有競爭力。如果看不到頂層建築，你平日辛辛苦苦壘的磚頭，根本搭不成大樓，也就是一堆散落在地上的磚頭罷了。

想得足夠明白，足夠瞭解這裡的關係，就敢少做事，找槓桿支點。聚焦到「洞察客戶、理解趨勢、關注同行」，要學的東西突然就變少了，和你競爭的對手也變少了，而支持你的人變多了。注意，這就是目標選對了的表現。做那些更少更好的事，是最重要的高效能。

知識源頭：多層系統

每一層都調用其下一層，又被其上一層所調用的系統，就叫作多層系統。高效能系統是一種典型的多層系統。

多層系統在生活裡也特別常見。人體就是一個多層系統。意識—大腦—器官—細胞—DNA（去氧核糖核酸），層層調用。現代組織沿用了這種多層系統：決策層—管理層—執行層。教練技術中則把人的行為和意圖分成「願景—身分—信念—能力—行為—環境」六層，稱為邏輯層次。

理解多層系統，解決複雜問題

所有多層系統都有兩個共同點。

上層決定下層

目標決定了使用方法，要省時間，要出效率，要性價比，選用的方法都是不一樣的。

方法論決定努力方式。

下層無解，向上一層

努力收益不高，就要找方法；方法論太多學不過來，就要重新設定目標。在多層系統裡，每一層都是其下一層的第一序改變。

在多層系統裡，我們最容易進入的誤區就是「低水準勤奮」，其實就是「低層級努力」。因為低層次的部分好把握，也容易看到，殊不知答案根本就不在這一層。

一位元客戶諮詢時抱怨：「這個我做不到。」

我問他：「如果我請你現在出去裸奔，你能做到嗎？」

「這個我也做不到。」

「其實並不是做不到，而是不願意做，或者不想承擔裸奔的代價吧。你不是做不到，而是選擇不去做。如果有一天你裸奔能救自己家人、孩子，也許就能做到了。」

為什麼要作這個區分？如果一個人經常和自己說「做不到」，他的能力範圍會越來越小，會成為一個無助感很強的人；但如果對自己說「我選擇不做」，則是一個自我強化的過程，你需要的時候，就可以做到，只是你不願意，你依然可以掌控這件事。

同樣，很多人認為自己「沒主見，不敢堅持自己的想法」，但是你問他：

「如果老闆問你，這個月薪水不發行不行？」

「不行。」

「真的真的真的想不發呢？」

「那也不行。」

所以其實你不是沒主見，而是你認為自己的想法不重要。在你認為重要的事情上，你依然會堅持。

這個問題並不在「敢不敢堅持」上，而是在「是不是重要」上。同樣道理，很多人其實並不是毅力問題、技術問題，而是認知和價值觀的問題——他堅持的東西不夠重要，對於足夠重要的吃飯、睡覺，一天也沒有落下。

回頭看前面談到的高手戰略，其實講的是「職業發展」的多層系統。一個人的外在成功，是**「能力—站位—趨勢」**的多層體系。如果努力了還沒有成功，不妨關注下站位和趨勢。

第三章的「自下而上：構建自己的知識體系」，其實是「高效學習」的多層系統。

知識體系是一個**「資訊來源—學習方法—連線大腦—解決問題」**的系統。如果資訊來源太多，不妨升級學習方法；如果學習方法不行，不妨嘗試外包一部分知識，重要的是時刻回到頂層思考——這對我解決問題有什麼幫助？

寫作是一個**「細節—句子—段落—框架—主題」**的多層結構，最好的寫作方式是自上而下的。但是我在寫作不順的時候，常常不小心掉入低水準勤奮的陷阱。比如我開始構思一篇文章的框架，這其實是最重要的部分，但實在費腦子，於是我開始查數據（最底層），來回修改其實沒有什麼區別的文字（句子），往往這就能搞半天。有時候更糟，我反覆「調整狀態」，收拾東西、擦桌子、吃東西、看一集美劇，充實地幹了一天，結果當然一點兒都沒有改變。

如果有人總在提醒你「要有大局觀」、「看事情要跳出來、要全面」，那麼你最好意識到，這就是多層系統的問題。

層級思考：工具箱

ETA脫困四問

「情緒—事件—目標—行動」是一個多層系統，當你發現自己困於事情或情緒中，可以用「脫困四問」來重新設定行動。一旦你發現自己被事情或情緒所淹沒，不妨跳出來自己想想「脫困四問」。

第一問（Emotion）：我在什麼情緒之中？給自己的情緒打個幾分？（找出情緒類別）

第二問（Event）：發生了什麼？嘗試客觀不帶情緒地描述發生了什麼事情。如果發現不能客觀，還帶有情緒化的語言，請返回第一層，繼續處理自己的情緒。（挖掘情緒背後的事實）

第三問（Target）：我原本想要什麼？情緒一定是對自己的不滿意，通過對情緒背後事實的描述，就可以發現產生情緒背後的初心——某種期望或目標未能達到。（找到期望目標差距）

第四問（Action）：我如何改進？找到目標差距，就要正視自己，如何改變行動從而達到期望的目標。（行動改變）

＊關於「脫困四問」我曾經寫過一篇完整的解讀文章，還設計了一個列印出來隨時可用的範本，在我的公眾號「古典古少俠」（ID：gudian515）輸入「ETA」就可以找到。

ETA脫困四句

知識源頭：自下而上的進化

人一層一層從多層系統向上躍遷的過程，就是一個思想躍遷式進化的過程。所有的多層系統，都是自下而上進化而來的。

1. 公司的進化：

一開始有一個自由職業者單幹，做得越來越好，開始請幫手，然後變成小組織，小組織繼續發展變成大公司，最後成為集團公司。管理者如果意識沒有跟上，依然用管理小團體的思維管理大公司，就不會有很好的效果。

2. 國家的出現：

最開始是農民聚集起來形成村落，村落聚集形成鄉鎮，鄉鎮之間進行貿易，形成城邦，然後形成國家……

3. 生物的進化：

生物的進化也是自下而上的多層反覆運算。生命起源假說裡占主流的「RNA世界學說」認為，最早的世界是一鍋「生命湯」，因為某個契機，無機分子聚合形成了可以複製自身的RNA（核糖核酸），RNA和DNA、蛋白質聚合形成了細胞，這是世界上最早的生命體，也是你我的老祖宗。老祖宗細胞一出生，就開始做接下來三十億年裡都在做的同一件事情——自我複製。這是一個極其重要的時刻，從這一瞬間開始，環境就有了「利於複製」和「不利於複製」的區別，生命也第一次有了

「好」和「壞」的自我意識。

然後，單細胞生物聚合形成多細胞生物，多細胞生物聚合形成器官、組織，最後是一個個個體，包括人類。人類繼續通過語言、交通網絡聚合，形成社會、組織和文化。整個世界的所有生物構成了一個多層系統。底部是ＲＮＡ，頂部是人類社會。這個社會正在通過數位聯網，生成更高的全球意識，這個過程叫作「元系統躍遷」。

不管什麼系統，之所以會湧現出更高層級，是為了更高效地協調原來層次的資源。困於底部，說白了就是意識還未完成進化的躍遷，也就失去了在更高層次調用資源、解決問題的能力。

形成團隊是為了更好地發揮個體力量，如果個人太過看重自己的得失，而偏離團隊目標，那麼團隊就會失敗，而個體也不會留存。

學習是為了解決問題的，如果太關注學習的快感，而忘記了學習的目的，那整體效率也會降低。

執行是為了完成事項，如果沒有真正思考事情的結果，只是盲目動手，那就失去了用更多方法、更多力量完成的可能。

控制點：讓複雜的事盡在掌控

如果你是一支NBA（美國男子職業籃球聯賽）球隊的主教練，賽季之初球隊提出口號「問鼎總冠軍」，你該如何控制這個目標的實現？贏得總冠軍，需要天時地利人和，需要戰略戰術體能，最後可能還要靠狀態，是個複雜系統。

下面是一個實現冠軍目標的拆解思路。

冠軍路線：要得總冠軍，先要進入季後賽；要進入季後賽，常規賽就需要進前八；要確保進前八，就要在常規賽贏得八十二場比賽中的五十場。

成功出線：要贏五十場，可以細分下哪些場比賽一定要贏、哪些爭取拿下、哪些保留實力。

贏得一場比賽：要贏一場球，就要多進攻和多防守；進攻手段是遠投和上籃，防守手段是防止對方遠投和上籃。

得分點：創造更接近籃框、無人防守的得分點，可以用擋拆、傳球、吸引、包夾等各種戰術，一打多形成局部優勢；防守就是破壞對方的這兩個得分點。

訓練目標：為了掌握戰術，需要平時刻意練習，配合動作訓練。

層級目標	控制點
贏得總冠軍	進入季後賽，並獲勝；常規賽打進前八，贏五十場
單場獲勝	打好每一次進攻、防守
戰術實施	用戰術擴大優勢，傳給靠近籃框、不受干擾的隊友，投籃破壞對手進攻
動作訓練	技術動作與配合練習
體能支持	高強度刻意訓練

體能支持：為了完成訓練，需要制定日常嚴格的素質訓練計畫，營養跟上。

如果能把握大部分控制點，這個事情就基本可控。把控一個多層系統有三個原則：多層布點、單點可控、目標折射。

多層布點

一般人看問題，容易理解為線性關係：贏球—再贏—常規賽進前八—季後賽—總冠軍。其實控制勝利的關鍵是在每一層級放置足夠多的控制點，最終把獲得總冠軍的目標控制在一個可控範圍內。這些點不僅要關注目標層面，更要拆分到戰術、技術、體能層面，每層抓緊控制住。

在某一些關鍵層，甚至要同時放置

二～三個控制點，進攻時讓二～三個控制點的球員同時進攻；體能層準備一定的板凳球員；戰術有一～二套……控制點越多，越可控；越可控，人的心態越好，越穩定；反之就會陷入惡性循環。

難道不是因為做了一場激動人心的演講，提出偉大的目標點燃了所有人的心靈，然後就拿到了總冠軍？動員大會只是電影的浪漫處理，也正是因為大部分人都有這樣的幻覺，電影才拍成這樣。球員們在拿到總冠軍戒指的時候流下的熱淚，並不是為了渲染氣氛，而是為了慶祝之前設定的無數個控制點。

有人說：「我要每年讀一百本書！」

我幫他向上布點：「讀一百本書的目標是什麼？你如何知道自己達到了？」「這個目標用讀書的方式才能達到嗎？是不是其他方式也可以？」

如果這個目標是隨口說的，那麼正好可以精細化；如果是為了某個成長目標，也許還需要增加其他方式才更有效；而如果僅僅是為了顯得自己的厲害——其實厲害的方式也有很多玩法啊！訪談一百個人會不會時間差不多、效果更好？人生總是有很多可能的。

找到了目標，下一步也要繼續布控制點。

「如果是讀書，具體哪些書能夠幫你達到這個目標？」

「如果不知道是什麼書，那誰會知道答案？」

「如果為了達到這個目標，每本書需要多少時間和精力？有哪些方式能夠騰出這麼多時間和精力？」

「我們還能做點兒什麼，讓你的努力可以放大，產生價值？」

如果這些點沒有想清楚，這個項目基本像連續向上摞起的三塊石頭。只要有任何一塊不穩，整體就會坍塌。現在你認為從辦張健身卡到練出馬甲線，這裡面有多少控制點呢？

組織是最經典的「願景—戰略—資源—管理—執行」多層系統，我們常常在某一層很強，就會忽略其他層級，導致失控。

夢想家類型的領導人，往往死在不食人間煙火的管理制度，以及實在太少的薪水上。他們充分理解願景的重要性，卻忽略了管理的人性，以及生活壓力消磨人的速度。

戰略精妙的領導人，則很容易死於方法論。麥克．波特在企業戰略界的功力無庸置疑，他提出的「五力模型」是戰略界的黃金定律。但是波特自己創辦的諮詢公司Monitor Group卻在二〇一二年破產，後被變賣。我們因此就能說波特的戰略理論錯誤嗎？其實這家公司的問題出在經營管理層面。

狼性文化則認為有錢能使鬼推磨，只要刺激足夠強，願景文化都是扯淡。這樣的組織執行力很強，壯大速度快，但其實很容易做大了就散夥、就分裂。

真正的好組織，都是多層控制的。阿里最核心的兩個部分是企業文化和銷售團隊。清華控股的董事長徐井巨集對於組織的多層管理有精采的總結：家國情懷、學者智慧、商業思維、江湖行動。

單點可控

你也許提出了一個偉大目標，也列出來詳細的每一步計畫，但是同事們為什麼都表情迷離、不為所動？還是因為你自己內心不安？也許還有另一個原因，控制點沒有落在可控區域。政府工作者喜歡說「抓手」，這個抓手就是控制點。

心理學把人的控制點分為四類：能力、努力、難度、運氣。我列了張它們之間的關係表：

層級目標		控制點	
能力	努力	難度	運氣
穩定	不穩定	穩定	不穩定
短期不變	短期會變	短期不變	常常改變

這個世界永遠有兩種人：**掌控者和機會主義者**，於是就是兩種掌控思路。

掌控者懂得把注意力盡可能放在內部、穩定的因素上。就有在他們心中，注意力是這樣分配的：**能力＞難度＞努力＞運氣**。他們的內心對話是：

這個事情的確很難，但以我的能力應該可以做到這個程度，我要盡全力，其他就交給老天了。

以這種狀態做事，增強的是能力和對任務評估的眼界，能力和眼光長期都可控，這樣的人生可控性會越來越強。

而越是糟糕的掌控者，越是機會主義。他們把時間花在外部的、不穩定的因素上。在他們的心中，注意力是這麼分配的：**運氣＞難度＞努力＞能力**。他們的內心對話則是：

也許這就是個機會呢？希望不要太難，其實只要是個機會，我努力是沒問題的。能力這種事情，確定是機會再練。

這種人把人生都押在外部常常變化的領域，所以你注意一下，他們的問話思路永遠是：能賺錢嗎？機會大嗎？難嗎？投入大嗎？遇到這種人，我一般回答：你別做了，沒戲。即使真的走了狗屎運，這成功也不可控，會狠狠地掉下來。

多層布點，層層可控。當這些控制點全部都出現時，安心地做好每一件事，盡量讓事情在控制範圍內就好。如果失去控制，就調整控制點，讓目標重新可控。這大概就是所謂的「盡了一切努力，於是安心面對成功或失敗」。

我大學同學給我打電話：「古典，我姊的孩子看了你的《拆掉思維裡的牆》，不想參加高考了，說要拆掉思維裡的牆，出去環遊世界做建築師。我們全家說不過他，來來，你快給老子把場子收拾一下。」

我硬著頭皮撥通電話，孩子打開免持功能，我同學他姊全家都坐在電話邊。同學用微信偷偷給我通風報信，陣勢像反傳銷組織。

我清了清嗓子，開始聊。

我發現這個孩子思路很清晰。他很清楚自己要做建築師，也天才般地發現，建築師的核心和當前的課程一點兒關係都沒有。英語、數學、幾何、地理和歷史，他都能自學。天天做高考卷子對於建築師實在毫無意義，甚至是阻礙。

他對中國高考的觀點，深得我心啊！

但是這是我同學他姊的孩子，我要穩住。

我想了想，回答他：「我認同你對於高考的觀點，但有一點我想你也許同意。在今天的中國，高考依然是你接觸到優質的建築專業教育的最佳路徑。我們且不說你們家有沒有錢讓你環遊世界，但是其間遇到個高人願意帶你，最後發現他是建築大師的情況，機率太低了，而且不可控。

「所以不管你參加中國高考還是美國SAT（學術能力評估測試），總需要一個方式讓自己進入大學，接受專業教育。要控制這個過程，就需要控制這個路徑，就需要設計幾個關鍵節點，這些節點就叫控制點，就好像你畫弧線需要先畫幾個點，然後把它連起來一樣。」

「說得不錯。」哥們兒發來微信，我信心大增，喝一口茶清清嗓子。

「所以對於你來說，高考就是建築師學習的一個控制點，也許並不是建築師的核心，甚至有一部分是背道而馳的，但依然是控制點。人生每一層都要設置控制點。中學—大學—導師—業內大師，人生是一個自下而上的多層系統，我們沒法直接跳過下面一步登頂。兩點之間最近的，不是直線，而是阻力最小、控制點最多的線。」

「好，我會高考，但如果我上了大學，發現學習專業毫無意義怎麼辦？」

「有一天你上了大學，學得差不多了，覺得自己才華橫溢，可以輟學。

「但你還是需要設置控制點。大學文憑也許不一定重要，但是能極大提高你的成功機率。想想看，你是願意請一名沒駕照但有十年駕齡的司機，還是一名有駕照、三年駕齡的司機？

「所以如果要放棄一個控制點，就一定要把握住另一個更好的控制點。比如比爾．蓋茲，他寫了一萬小時程式，手上握著IBM（國際商業機器公司）的合約。

這個控制點對於成為程式高手顯然比哈佛大學本科學歷更好，所以他就輟學了。

「再比如你叔叔（報仇的機會來了），他總問我要不要辭職、要不要出國、要不要分手？其實，要不要離開，永遠不是問題，因為這個答案沒有控制點；只有『離開做什麼』才是選擇，才有控制點。」

講完，不等他反應，直接掛線。留下一個意味深長的空白。

這個孩子一年後考上國內一所大學的建築系，還有了出國讀碩士的計畫。

這其實是一個關於兩點之間直線更慢的例子。我們都見過光的折射——光在同一個透明介質裡走的是直線，因為這樣最快；如果從一種透明介質斜射入另一種透明介質，光的傳播就會發生偏折，這個時候，折線更快。兩點之間，不是直線最快，而是阻力最小的那條線最快。

目標折射

既然目標的達成是一個多層系統，那麼在不同階段做偏離直線的行動有時更好。這種情況，我稱為「目標折射」——在多層系統，直線會失效，你需要根據層級特性調整切入點。最後的成功路徑，是一條折線或者曲線。

高中學習也許並沒有為成為建築大師打下基礎，但是做為爭奪教育資源的手段，比自學靠譜很多；英語四級證書也許並不能證明你的英語水準，但是至少反映了你靠譜；用別人喜歡的方式溝通未必是你最舒服的表達方式，但至少對方能接收到你的資訊；有些規定不一定效率最高，卻是達成目標的最簡單的方式。

過去我常常勸大家一定要找到自己的夢想後再全力投入，現在我會告訴迷茫的人，如果實在不知道要幹嘛，不如投身熱門行業，參與大城市的競爭，並且讓自己獲勝，讓自己賺錢。這雖然是人生的彎路，但是至少不會停滯不前。

在大城市或熱門行業，你有機會遇到最大挑戰，積累最多資源，看到最多可能性，在過程中你的夢想也許就會慢慢浮現，然後你就會有能力和經濟實力去實現夢想。否則即使有一天你發現了自己的夢想，卻沒有什麼能力，也沒有什麼積蓄，那樣比不知道夢想還慘。

如果暫時不知道夢想，那就先練好能力。一個問題尚未解決，雖然令人生厭，但其本身就是一種解決方式。

一個層級遇到問題，非要把這個問題解決掉的「問題潔癖」，很可能會帶來更多、更嚴重和更麻煩的問題。其實「帶著問題生活」，也是一種應對方式。

所謂成熟，就是理解了世界的複雜性，不再要求一味走直線。在路線問題上，擁抱折射，在最終結果上專注不動。兩點之間，阻力最小的線最快。

失控：你是怎樣玩死自己的？

最後用一點兒篇幅談談失控。系統是為了獲得更高的效率，但是不幸的是，如果你不理解系統，系統往往就會失控。你是怎樣玩死自己的？

思維慣性

當多層系統失控，就要還原到問題的層面解決，否則只是隔靴搔癢，會導致失控。但是越厲害的人，越容易有思維慣性——過去這麼做可以，那麼未來也要這麼做，這就很容易導致失控。意志力過強的人總希望能用「意志力」來改變身體（實體層面）。李開復在得癌症之前，就經常和人家比誰回郵件更晚，後來回想起來覺得可笑。成功人士在巔峰時期都有幻覺，總覺得思維和意志的勝利能控制一切。身體首先不幹了，對大腦說，你做生意好、想問題好，就非要老子血壓也好？老子不歸你管！

比如，商界領袖都需要強大的意志力，他們相信意志力能解決一切。《賈伯斯傳》裡說賈伯斯熱愛冥想、打坐。他堅持認為自己只要素食加冥想，癌症就會得到控制。這種虛假的掌控感，讓他的胰腺癌發展到了危及生命的地步。

人體是一個「生理—心理—意志」的多層系統，現代人過於強調大腦，而忽略了心靈和身體其實是另外一套系統。很多心理疾病因思維過度引發，「神經症」患者就總希望通過思維層面控制一切，而很多人失眠、焦慮甚至人格分裂，都是因為想得太多，引起了情緒上的不適。如果大腦繼續壓抑，情緒出不來，就向生理層施壓成了生理疾病。

同樣，用管理公司下屬的方式管理家庭，其實家哪裡是講「對錯」的地方？家是講「愛」的地方。這不是一個層次。

當一個複雜系統出現問題，不要停在自己熟悉的層面上，退後一步，看到系統。

- 人生不如意，也許並不是你不夠努力，而是選擇不對；
- 工作效率低，也許並不是精力不足，而是目標太多；
- 關係不親密，也許並不是因為眼前這件小事，而是情緒積蓄已久；
- 不夠有錢，也許並不是你不夠節省，而是不懂得如何投資。

困在底層

當問題在一個層面失控，向上躍遷一層，重新定義問題，往往有解，設計思維稱之為「重新定義問題」（reframe a question）。

有一位企業家過來找我抱怨：

「團隊裡有個我培養了很久的年輕人，就因為另一家公司給的薪水高出二千元，要跳槽，多年的付出都餵了狗。難道真心付出真的沒有好報嗎？」

我問他：「是付出，還是投資？」

「怎麼說？」

「如果是付出，你付出的人收入高了，你應該高興才對啊！如果是投資，投資就會失敗嘛，下次提高眼力，給投資多上保險就對了。」

別人走不走控制不了，但是投資的眼光和手段，總是能控制的。

你看，從「付出」和「投資」的定義上重新作區分，無解的問題也就有解了。

查理．孟格說：「要獲得什麼，先讓自己配得上。」這也是在重新定義問題——得不得是外控的、無解的，但是配不配是內控的、有解的。

過於封閉

最後舉個有趣的例子，談談皇帝們如何管控一個思想的多層體系。

封建國家沒有網路，大夥兒怎麼想，主要看幾個文化人怎麼說，所以封建國家很重視思想控制，摧毀或者至少控制自由知識分子的思想。好，現在給你個機會穿越。如果穿越到古代，成為皇帝，要控制知識分子，你該怎麼辦？

方案A：焚書坑儒——實體層面摧毀資訊源，生理層面摧毀人，簡單粗暴快，但春風吹又生。而且國家也暴戾十足，很快滅亡，如強秦。秦始皇不懂系統思考啊。

方案B：文字獄——生理層面摧毀一小部分，心理層面的震懾大多很有效。但是文人馬上變著法兒反覆運算，寫個小說影射你，寫個藏頭詩擠兌你，防不勝防，如清朝各種小說。

方案C：找群宮廷文人，與之寫文對罵——這個效果不佳，歷來文章寫得好的都是自由的靈魂，拿俸祿的效率不高。

這些以暴易暴的線性思維對文化人不好用啊，最後設計出來最精妙的，是一套自上而下的系統解決方案。

方案D：科舉制度——設計一套在自我實現（家國天下）、歸屬感、認同感（光宗耀祖、封妻蔭子）、生理和心理（顏如玉、黃金屋）方面符合馬斯洛需求層次理論的完整多層結構，以及自上而下降維攻擊的解決方案，直接改變價值觀。開科取士，天下共趨之。

什麼？寫自由議論文？別鬧，老子正準備考試呢！！

這個封閉的小系統非常有效，從內部幾乎完全不可滅。一直到一八四〇年我們集體被炮聲震醒，被更高層級降維攻擊，即現代社會的科學、民主與經濟體系，我們才發現，這些系統更強大，比自洽更重要的是開放。

一個故事：「天哪，她有個大牙縫！」

在這一章的最後，我講一個關於系統的故事。

故事的主人公是二十世紀的催眠大師密爾頓・艾瑞克森，我師從他的弟子瑪麗蓮博士，在她的教練課上聽到了這個故事。在某天一個飯局上，我轉述給了一群央視的媒體人，裡面坐著一個記憶力驚人的傢伙。七年後他認出我，複述了這個故事，邀請我一起搞個專欄，他就是羅振宇。

密爾頓・艾瑞克森是個偉大的教練，他懂得相信人的優點，甚至懂得相信人的缺點，他深信每個人的潛力。

一次去加拿大講學，當地一個心理諮詢師來尋求幫助，這位諮詢師有一個名叫麗莎的來訪者有嚴重的自殺傾向，經過長期治療都沒有好轉。艾瑞克森答應見見這位麗莎，幫助她走出困境。他翻看麗莎的報告：一個普通的加拿大女子，微胖，三十二歲，獨身一人，在一家當地的公司做文職工作。照片上她緊緊抿著嘴，沒有神氣。

艾瑞克森在一個下午見到了麗莎。輕鬆的交談以後，艾瑞克森慢慢發現麗莎的一個秘密，麗莎總是抿著嘴，沒啥表情，因為麗莎有一個大牙縫。這牙縫有多大呢？這麼說吧，透過牙縫，都能看到她嗓子眼兒——同事都不叫她麗莎，而是「大—牙—縫」。

麗莎很自卑，一直閉著嘴。「這樣，牙縫就看不見了吧。」她想。

麗莎在公司裡有自己喜歡的男生，是一名工程師，對方聽上去也對她有些好感，但是她從來不敢和他說話。

大牙縫是麗莎自卑心理的種子，慢慢地，這顆種子長成大樹。麗莎有嚴重的抑鬱心理，甚至有了自殺傾向。

艾瑞克森告訴麗莎，他願意試試看做個治療。但是要設立一個約定：如果她真的要自殺，一定要提前告訴他。艾瑞克森說：「讓我們玩個遊戲，我們先飛……一會兒。妳要答應我，不管我接下來告訴妳要做什麼，妳都要努力去做。」

大牙縫覺得，不妨一試。

艾瑞克森在她耳邊輕聲講了要她做的事。

大牙縫回到自己家裡，拉上窗簾，含上一口水，拿出一面鏡子，放到一公尺以外的地方，嘗試她昨天收到的怪老頭的指示——訓練自己從牙縫裡滋水，並且要滋到一公尺以外。

「這個老頭比我正常不到哪裡去，」大牙縫一邊滋一邊想，「不過，還挺好玩的。」

接下來幾週，大牙縫麗莎每週都去見艾瑞克森，他們會聊很多東西，她甚至覺得，那是她一生中最快樂的時光。

但每次艾瑞克森都要檢查滋水進度，還不斷提出新的指標：「很好，妳能滋一公尺啦，下一步我們的目標是一百五十公分、兩公尺，再下一步，要提高精準度——直接打中鏡子裡面妳自己的臉。」

不知道是因為治療還是滋水，麗莎的情緒好像好多了。

第六週，大牙縫麗莎已經能夠輕鬆打中兩公尺以外鏡子裡自己的臉。這天，艾瑞克森對她說：「還記得我答應妳要飛……一會兒的事嗎？妳的機會來了。」

他在大牙縫耳邊，說出了那個危險的建議。

剛聽到一半，大牙縫尖叫起來說：「不——行——！這怎麼可能！」

不管有多麼不情願，這事有多難堪，麗莎第二天還是去了。

她含上一口水，躲在公司茶水間拐角處——那個技術工程師的必經之路，心裡暗暗祈求，不要來，不要來，不要來！

不過等到那個工程師端著一杯咖啡走進自己的「射程」，麗莎從拐角處跳出來，瞄準他的臉，以練習了六週後達到的精準度，向他狠狠地滋了一臉的水！

這就是艾瑞克森，這個瘋老頭的指令。

「啊——」

打中了嗎？不知道。麗莎滿臉通紅，捂臉就跑，一直跑出辦公室，包也不管了，一天沒上班。

第二天上班，一進門，她就感到整個辦公室都在看她，不是幸災樂禍，而是那種驚喜派對曝光前，每個人臉上詭異的微笑。她低下頭，紅著臉走到辦公桌前，看到辦公桌上有一張用藍色鋼筆寫的卡片，熟悉的字體來自那位工程師。

「有空去喝杯咖啡嗎？」

五年以後，艾瑞克森重新回到加拿大講學。

一天下午，有人敲門。剛打開門，一個小女孩就咚咚咚地跑上前來，滋了艾瑞克森一臉的水！

天哪！她有一個大牙縫！

抬頭看去，門口站著俏皮的麗莎，她挽著她的技術工程師丈夫，他們笑得樂不可支。

我們都有很多的資源，但是你是否相信，不完美也是一種美。

我們每個人都有自己藏起來的大牙縫，你是否相信，那個你最想隱藏的東西背後，也有快樂的可能。

你是否相信，有這些缺點也是OK的。

這個故事很美，我曾在上課時講，在諮詢時講，在朋友聚會時講……

每次大家開心樂過以後，總有人會跳出來提一些問題——為什麼啊？

為什麼不想自殺了啊？

為什麼要對著人家龇水啊？

如果那個男生不喜歡她，豈不是完了嗎？

這個故事的背後邏輯其實很少有人能理解。讀完本章，我想你隱隱約約地會理解到，這是一個關於系統的失控和掌控的故事。

麗莎一直活在牙縫的陰影裡：別人越是嘲笑她，她越是不自信；越不自信，牙縫問題就顯得越嚴重。「我是個笑話！」這是一個人生的負面迴路。艾瑞克森幫她重新搭建了一個正面迴路「控制牙縫」。用牙縫練習滋水，做得很不錯！這一瞬間，治療已經發生，麗莎的人生慢慢出現了一條自信迴路，越來越自信。

再上升一個層次來看，麗莎的自殺行為貌似消極，其實是深深地渴望被愛的表現。當自信重新回到麗莎身上，為什麼不試試看抓住自己心愛的人的目光，組建一個更大的系統呢？最後，麗莎有了一個美好的家庭生活。

我想你現在終於明白這句話：這個世界的絕大部分運作，都不在你眼前發生，世界早已先你而行。如果你看不懂系統，就永遠無法理解事情的本質。

世界是個大系統，世界屬於能理解它的人。

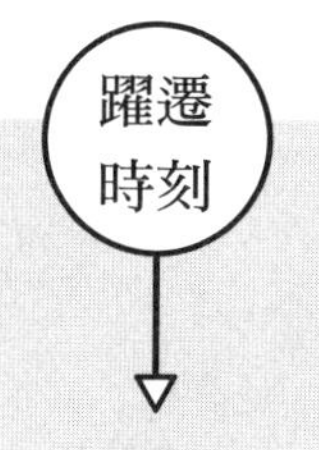

關注關係，理解迴路，跳出層級

- 第一序、第二序改變：第一序改變狀態，第二序改變系統。
- 系統：是高手看世界的方式，系統由元素、元素之間的關係，以及功能三部分構成。元素之間的關係比元素更重要。
- 迴路：從時間維度看到事物發展的脈絡，找到過去和現在的關係。
- 層級：從空間維度理解事情背後的真正規律。上層決定下層，下層無解，躍遷一層有答案。
- 控制點：多層布點、單點可控、目標折射。

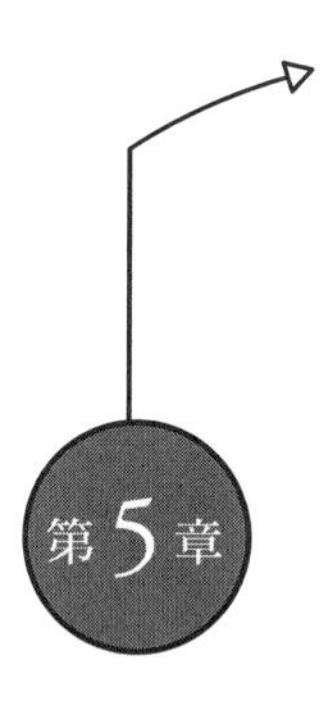

第5章

內在修煉

躍遷者的心法

真正的改變都是逆人性的。你可以瞭解所有躍遷的技術，但推動躍遷的關鍵動力，是我們要成為什麼樣的自己。

活在連接時代的內在修煉

在前面四章裡，我提到了很多這個時代的新玩法：只做頭部，連線大腦，終身提問，理解系統。我不斷思考，這些變化更加底層的改變是什麼？到底是什麼帶來了個人發展範式的關鍵轉變？是網路、人工智慧、科技發展，還是個人崛起、消費升級？

答案越來越明顯，是連接。

因為有了連接，跨界變得簡單，讓世界變平。商家、消費者連接在一起形成冪律分布，站位和努力一樣重要。

因為有了連接，我們沒必要把知識存在腦子裡，而是放到硬碟裡或調取別人的知識，所以有了連線思考和學習。

因為有了連接，過去分隔的、不相關的人和事聯繫在一起，形成了複雜系統。如果不能辨識系統，我們便很難理解世界。

世界因為連接越來越大、越來越複雜、越來越不確定，個人因為連接越來越自由、越來越強大，也有越來越多可能。

這個時代可稱為「海洋時代」。

過去的生活是平面的，像在陸地上，你只需要關注離你比較近的人；今天的生活則是三維的，像在海洋裡，你可以游向四面八方。過去職業的攀登是向上的，你只需要搞定上面的人；在海洋裡，你的每一個動作都像波浪一樣會向四面八方傳播開來，擾動身邊的人。

我們是一群活在連接中的人，也需要一套全新的人生範式。

前面四章，我們講了很多的技術：行業領跑者站位和卡位元的技術，連線學習者學習和輸出的技術，系統思考者分析和破局的技術——都是些真正聰明的招式。

不過這麼天天聰明著，也挺無趣的吧。我希望和這些人合夥做事，不過可不想和他們聊天擼串。有人這樣點評這些純理性的人：

「純粹理性的人，就像是一把沒有刀把的鋒利的刀。」

我們都羨慕純粹理性的人，不作錯誤判斷，總是清晰準確，穩準狠，英文中形容這種人叫「sharp」（鋒利的）。

太鋒利的人，就像沒有刀把的刀。

《天龍八部》裡的掃地僧說：你有多大佛法，就要多厲害的武功。這樣才不會陷入「武學障」。如果佛法是武功的刀把，那麼這個時代的躍遷者，需要一個什麼樣的刀把呢？在新的海洋時代裡，我們這群活在連接中的人，需要什麼樣的內在修煉？

看世界：開放而專注

我住在長城腳下某個村裡的小院閉關寫這本書。這不是村裡人的農家樂，而是一個城市女青年搭建的現代世外桃源。全木地板，歐標家具，雙立人櫥具，一百兆寬頻。湖北的老父親從老家過來住在院子裡，每天澆水、養草、搭藤蔓爬的木架子，閒時坐在籐椅上抽一口黃鶴樓，用兩年時間打理出一個鬱鬱蔥蔥的花園。

生意好做嗎？老頭搖搖頭說，最難的不是做事，而是周圍人的思維差異。

在城裡，你做得好，大家就來模仿、學習，比賽動腦子，經濟一下子就搞活了。可能有人搬走了，新來的人家搬進來，繼續搞。大家都有機會。但是農村裡有些人現在還是有點兒看不得你好，院子生意太好，樓蓋得很高，旁邊人都嫉妒——這種嫉妒是那種完全損人不利己的嫉妒。用各種方法噁心你，比如偶爾給你斷個水電。

當然，現在農村越來越開放，而城市也出現躺在父輩財富上不愁生計的人，這兩種思維沒有差距，更多的是「我好你也好」和「我不好也不能讓你好」的思維差異。

貧富差距變大，不意味著窮人更窮

前面談到，開放流通的系統會產生冪律分布，這導致系統的貧富差距變大。但另外一個效應也很顯著，開放讓整體財富和平均財富都在增加。冪律法則並不是零和遊戲，頭部並不是因為搶奪了大部分人的資源而崛起。事實恰恰相反，開放讓每個人都受益更多。

比如在第二章提到的「小糖人遊戲」，雖然不管怎樣，最後都會形成穩定的貧富差距，但無論怎樣跑，系統的財富都會變大，糖人的平均收入都會變多，整個社會更加富裕。我國真實的數據也支援這個結論，無論根據國家統計局的數據，還是聯合國發布的關於教育、醫療、社會保障的數據，中國總體數據都在向更好的方向發展。根據人民網發布的對中國GDP的估計，二〇一九年，中國人均GDP會達到一萬三千零四十一美元，超過國際約定的高收入國家線。二〇二〇年，中美GDP將會持平，中國將成為GDP第一大國。

想想維基百科吧，維基的專業性不比網路版大英百科全書差。就是這一%的很專業又很熱心的人創造了優質內容，然後傳播出去，讓整個世界都有收益。淘寶的確讓馬雲的財富倍增，但是更多商家賺到了更多錢，每個用戶也的確買到了更便宜的東西。

看不見的手，不僅重新分配了資源，也舉起了整個系統。

小平同志說「一部分人可以先富起來」，後半句「帶動和幫助其他地區」常常被人忘記。[16]其實對於老百姓，讓一部分人先富起來，不管你是「一部分人」還是「其他地區」，對你自己而言，都是好事。

我在高考的時候，班上成績好的同學很少教大家如何解題，也會下意識地保護自己搞到手的學習數據，因為他們認為這是一場排他性的競爭。步入社會，我們才發現資訊這種東西，越分享越多。面臨學校的考試，交換答案是作弊；面臨人生和事業的考試，互通有無則是一種智慧。

今天，開放和流通的優勢更加明顯，因為資訊是一種有門檻、無成本的分享物。無成本是指一份資訊分享了還是一份資訊，而有門檻是指如果聽眾認知水準不夠，即使看到資訊也不知道你在說什麼，你在認知升級上花的功夫不會因為分享資訊而白費。再說了，即使你不講，也總有人講，還不如自己講，幫自己獲得連接。今天，你會發現這樣一種有趣的情況，兩家競爭公司的業務部門競爭得你死我活，但是兩家公司的老大卻時常溝通資訊，互通有無，什麼事還商量著來，打個招呼。

從長遠來說，開放者一定會贏，頭部的開放者一定會強。

所以請務必積極參與到各種流通中去，以開放而不是批評的心態對待別人，這樣你的收益最大。

但是為什麼很多人還是不願意參與呢？因為我們有一種「見不得人好」的認知偏差。

兩份一模一樣的工作，只是薪水不同：

- 九千元收入，同事的薪水是七千元；
- 一萬一千元收入，同事的薪水是一萬二千元。

你會選擇哪個？現實中，大部分人會選擇前者。在他們看來，比別人好，比自己過得好重要。

所以開放會讓你不舒服。在小世界裡也許很厲害，只要你一進入開放系統，就馬上能看到許多比你強的人。有以前完全看不到的強人，有成長飛快的人，有當年和你差別不大但現在很強的人……和這些傢伙在同一個維度下，你簡直就像薪水表被暴露的底層員工一樣，受不了。

你退出，急於給自己定義個封閉小體系，在封閉的圈子裡，尋求心安理得。這是「那些人都是靠爾虞我詐貪污腐敗上的位，我們就是輸在老實上了」，也是「這麼成功，還不是靠他爹」的思路。

看不得人好、不承認自己差的人最愛封閉體系。

對大神，要見得人家好，不要想著當年他和我還同班同學呢……當年是當年，人家乘著冪律火箭躍遷了，你能做的只有趕緊學習。對比你差的人，要容得別人的

16. 編按：《讓一部分人先富起來》，中國共產黨新聞網。

不夠好，他和你的差距沒你想的那麼大，只是他還沒有理解你看到的規律。

佛教中有一種修煉，叫作隨喜讚嘆。西藏人看到了朝聖路上磕長頭的人的虔誠，於是隨心、真心發出感嘆，感嘆他們的功德，也希望他們更好。

這個瞬間，你就獲得了同樣的福報。

隨喜讚嘆其實有它的科學性。當你願意開放分享，真心為他人的成就感到開心，你就把你身邊變成了開放系統，你自然也就會從系統裡受益。

開放是道德修養，更是理智選擇

從開放性的角度來談一個也許會引起爭吵的話題——中醫理論體系，好不好？先說我自己受益的例子。我吃過中醫的方子，效果很好。有中醫的老師，教我很多人生哲理。我外公吃我媽按民間方子熬的藥，不知道是心理暗示還是真有療效，總之膀胱癌癌細胞在老年人身上擴散很慢，當年認為只能活半年，現在都已經過了四年了。

不過我還是覺得中醫理論體系可以更好。中醫理論體系裡最得意但也最大的問題就是不同的人生太過自洽。中醫有一個很自洽的體系：陰陽五行，相生相剋，心肝脾肺腎。大陰陽裡面還有小陰陽，無限細分，一直到無窮盡。診斷為腎虛，那麼什麼叫作虛？人生的不同都有不同的標準。這是一個非常複雜精妙而自洽的體系。

西醫的體系架構不完整得多，持續引入了生物學、化學、物理學、電磁學、統計學、心理學、社會學等學科內容，而且幾百年來一直爭論不斷。這種複雜開放的系統逐漸生成，在各地區掃蕩很多傳統醫療體系，這是物理規律。

當一個體系什麼都能解釋時，就沒法被證偽，也就無法更新，必然趨於封閉。一旦封閉，必然熵增；一旦熵增，必然長久趨於平庸。所以一個無法被證偽的體系，無論有何等智慧，必然會被慢慢反覆運算的系統所趕超。

增量、終身提問、探索、隨喜讚嘆……這些詞蘊含同一種智慧：提醒我們要保持開放。一個封閉的系統，一定會熵增，趨於平均和無序。說句大白話，封閉的系統就意味著不進食的身體會死亡，不開放的大腦會枯亡，不開放的社會會衰亡。

要做見得人好的人，學習見得人好的思想。

這是道德修養，更是理智選擇。

開放才能專注

第一次從法國旅行回到北京，我震撼於北京市容的灰色和平庸。

從四環開車到中關村，整條路上除了鳥巢，全部都是灰色或者土紅色的樓，和法國五顏六色的鵝卵石小街道形成鮮明的對比。

車開過北辰橋，你能看到鳥巢，而鳥巢能代表中國嗎？央視大樓可以嗎？它能出現在任何一個國家，毫無違和感。你看不到中國。從胡同能看到中國，從德勝門能看到中國，從紫禁城能看到中國，不過很多很美的建築，都因現代化改造被拆掉了。這個時候，我才開始痛心，知道北京失去了什麼。

我並不是第一個有這種觀點的，也不是最後一個，但只有當我有了全球視野，才會重新反思我深愛的城市的優勢。早有人比我輩看得更遠、更精確。

做為有國際眼光的建築史學家、城市規劃師和普林斯頓大學的客座教授，梁思成曾任北京市規劃委員會副主任，他和留英建築專家陳占祥提出了「梁陳方案」。在北京城西再建一座新城，而長安街就像是一根扁擔，挑起北京新舊二城：新城是現代中國的政治心臟，舊城則是古代中國的城市博物館。

「如果這一片古城可以存留至今，那將是世界上唯一得以完整保留，規模最宏偉、氣勢最磅礴的歷史文化名城，就連今日之巴黎、羅馬也難以企及。」中國文物學會會長羅哲文和徐會長表達了同樣的看法。而北京城的發展也可以避免現在的極度集中與擁擠，政治、文化、商業中心高度集合，每天高峰期，人們在一環套一環的路上堵著，浪費生命。

梁思成多次上書挽救北海的團城和北京城牆。為了保住永定門，林徽因也懇求：你們現在拆的是真古董，有一天，你們後悔了，想再蓋，也只能蓋個假古董了！但是團城古城牆最後還是被拆除。一九五七年，永定門城樓和箭樓也因為「妨礙交通和有安全隱患」被拆除。

一語成讖。二〇〇四年，「假古董」永定門城樓重修竣工。

如果讓我回到一九五五年，站在城牆下失聲痛哭的梁思成先生背後，他手持永不可實現的美好古城的「梁陳方案」，面前是施工中轟然倒下的城牆，清瘦的背影輕輕聳動，我拍拍他的肩膀，張口想說句安慰的話，但我又能說什麼呢？

當時的開國元勳們，是極聰明的一群人，但他們在關於什麼是真正的文化這個問題上，還是遇到了歷史局限。反而是那些離開過國土、有全球觀、見過世界的人，更加知道什麼是真正好的中國文化。

我經歷越多，越能明白，高明與不高明的觀點的差距並不在於智商，而是在於眼界。在今天，人與人在知識獲得上是公平的，眼界的差距會回饋到心智上。這個決定因素，就是視野開放。

職場人總是在思考自己的優勢是什麼，天賦是什麼，出路是什麼，想爆頭都不明白。創業者思考自己的優勢是什麼，核心競爭力是什麼，好像怎麼都對。他們缺乏的，不是聰明，而是開放。

創業者創業的時候，常常有一種誤區，就是總覺得自己做的業務沒什麼價值，總覺得對方的業務好——2B（對企業）的總覺得2C（對客戶）的業務帶勁，大家都認識你，還直接接觸客戶，好賺錢；而2C的總覺得自己的業務又苦又累，實在不如2B業務清爽。個人發展也是，做技術的總羨慕做市場的人有趣，而做市場的總覺得做技術的人有真本事，彼此羨慕。

這個時候，你給他看報告、看測評、講道理都沒用，這不是智商問題。你不妨帶做大眾市場的看看做關係的酒局，帶做關係的看看做大眾市場的一個個拉客戶的不易；讓做技術的跟著做市場的人跑幾趟，或者讓做市場的人檢測一段代碼……基本他們都會重新回去做自己擅長的工作。

當你站在趨勢的高度看待產業，站在行業的高度看待企業，站在價值鏈的高度看待自己，你會理解什麼是真正需要專注的競爭力。

專注和鑽牛角尖的最大區別就是視野，視野來自開放。如果你沒有看到更大的世界，就會總想著「也許會有更好的可能呢」；當你看完了全域，也就更加能夠回來安心做自己。

只有開放，才能專注。

貧窮的本質

我們先來談談富裕的秘密，這已經是公開的秘密了。積累第一筆原始財富的確是很難的，靠機遇、努力、節儉甚至掠奪；賺取第一桶金以後，保持富裕不算難——利用複利。

假設理財產品每年的收益率是八%，如果你三十歲開始投資，到八十歲時財富會增長約五十倍（一．〇八五〇≈四六．九）；如果這一年你的孩子出生，那麼在孩子八十歲的時候，財富可以增長近五百倍（一．〇八八〇≈四七一．九）。

這麼看來，保持富裕應該是件挺簡單的事：一個富裕的家庭在子女三十歲的時候，拿出一百萬為他（她）設立一個養老基金應該不算難；以每年八％的回報率來計算（八％指的是實際回報率，考慮到今天的通貨膨脹，這大概相當於一五％的投資回報率），在他（她）六十歲的時候，這筆財富會超過一千萬，足夠養老和生活了。所以富裕家庭只要不出大錯，很容易保持優渥的生活水準。

照理說，這種方式誰都能看得懂，為什麼不是所有家庭都變富裕了呢？

因為心態。如果你只有二十萬，就很難有平穩的心態三十年不動這筆錢。對富裕生活的嚮往讓你很焦慮，急於翻盤過上更好的生活。市場上到處都有財富猛然增長幾倍的時機，如果總想著一把翻盤到二百萬，即使矇對過幾次，要是你習慣了這種暴利，一直賭下去，總有一局會全部輸光。

吳軍老師在「得到」App的專欄《矽谷來信》裡講到《家族財富》這本書，他感嘆道：「時間是你的朋友，而時機不是。」那些富不過三代的家族，很多是因為某一代突然作了過猛的投資決定。

貧窮是一種追求暴利的心態。但是為什麼會有這種心態呢？心理學、社會學都提出了自己的見解。

《稀缺》這本書中提出「思維頻寬」的概念。窮人貧窮是因為他們的注意力都放在如何解決溫飽的問題上，很少有多餘的「思維頻寬」思考長遠發展的問題。你總想著今天的飯有沒有著落，哪裡有時間思考什麼發展戰略、兒女教育呢？發展戰略顯然是脫貧的核心。如果說貧窮是一種「思維頻寬」的稀缺，注意力資源就變得非常重要——大神戰略的每一步都是逆人性的，需要巨大的頻寬。所以，如果你注意力稀缺，即使你知道要做些什麼，也會陷入戰術勤奮、戰略懶惰的困局。

那麼是不是說物質財富就不重要？其實不然，有一定的物質財富還是很重要的。《自控力》一書從「自控力肌肉」的角度解釋了這個問題。自控力如肌肉，用多了會疲勞。窮人長期處於物質稀缺狀態，需要消耗更多的自控力去抵抗誘惑，一旦自控力耗盡，就很容易放縱。一次放縱對於富人來說也許是損失，對於窮人來說則是災難。窮人並非不懂得延遲滿足，只是他們對自己延遲滿足的肌肉的操控力，早就被生活消耗得所剩無幾。在《貧窮的本質》這本書裡，作者阿比吉特和埃斯特觀察到很多捐贈者本來希望窮人將捐款用在教育、健康上，實際卻往往被花在了消費品、奢侈品上，因為窮人和富人處於不同的自控力和心智資源層面。

如果把這種根據社會學尺度觀察到的貧富現象平移到我們身邊，就會發現，其實貧窮早就不是一個財富數字，而是一種稀缺的心理狀態。

在這種狀態裡，你越是注意力、自控力稀缺，越是沒法想遠，只能貪圖短期翻盤或享樂；而越是這樣，就越深陷勞而無功的苦差事之中，造成進一步的稀缺。工作瞎忙、生活混亂、情緒失控，這個時代整體的焦慮，都是因為這種向下螺旋的吸引力。

既然貧窮不是一種資源，而是一種心態，那麼脫貧就不能靠抓住某個機會、學會某個招數，而是要靠一套打法、一種心態。我們在第一章說的「高手戰略」也一樣，高手戰略不是一種計謀，而是一種心態，一種既開放又專注的修煉。

開放才能不斷找準高價值區，專注才能在自己的能力圈內修建護城河，不被其他東西帶跑。高手戰略的內在修煉，就是開放且專注。

你對外界的看法，決定了你能走多遠

十四世紀初，馬可．波羅遊歷東方，回去講了一個大神話，引發了西方對於東方的狂熱，開始熱切探尋東方商路，這直接推動了十五世紀末大航海時代的來臨。接下來的五百年，是發現新大陸、全球經商、海上列強紛爭、美國崛起的五百年。那個時候的我們在幹嘛呢？明朝二百七十六年，清朝二百九十五年，封閉了五百多年，最終被船堅炮利的西方文明打開國門。

這不是東西方之爭，而是規律和規律之爭，是開放和封閉之爭。

有兩張地圖，也許可從某種角度詮釋這段歷史。左邊是亨利庫斯．馬特魯斯的航海地圖，據說哥倫布就是拿著這張地圖出海的。在這張地圖裡，出現了好望角、渤海灣、印度、紅海……西班牙的繪製者把自己的國家放在了地圖左上角。

而右邊是明朝一三八九年繪製的大明混一圖。這個地圖中，中原、渤海地區占據了六〇%，好望角、紅海被不成比例地壓在右下角，而當時絲綢之路已經通商了一百多年。大航海時代剛剛開始，而四百年後轟開我們國門的歐洲國家，被擠在一個角落。

同一時代兩張地圖，反映的是製圖人的兩種世界觀——持亨利庫斯海圖的哥倫布，從世界的一個角落出發，開放，尋找增量；而拿著大明混一圖的鄭和，出去開拓航路，宣揚國威。總之，他是在尋求一種封閉、自我穩固的方式。

這不是東西方的差異，而是規律與規律的差距。

如果有一個人能站在世界地圖頂端，告訴明朝、清朝那些聰明的皇帝、名臣這張全景圖，這些人一定會選擇「比較富」而不是「一起窮」。悲劇的是，不開放的群體並沒有意識到他們是「一起窮」，還以為自己是「都很富」呢。

五百多年以後的鴉片戰爭，讓我們看到了規律跑出來的結果。

對待未來和新事物的態度，決定了我們未來能

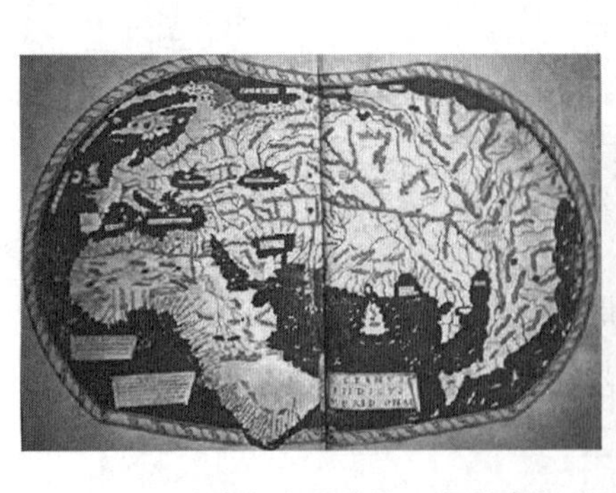

（左）亨利庫斯・馬特魯斯世界地圖；（右）大明混一圖

走多遠。

這個世界只有三種人：創造變化的人，擁抱變化的人，忍受變化的人。希望你成為前面兩種人。

隨喜讚嘆還是不許你過得比我好？比較富還是一起窮？封閉還是開放？這是一個選擇。

「開放而專注」九律

1. 見得人好，經常隨喜讚嘆。
2. 找到自己領域的知識源頭，並分享。
3. 不隨便崇拜誰。一旦崇拜，以他為頂，你的系統就又封閉了。
4. 不再認為自己不喜歡、看不懂的東西就是傻的。
5. 小心那些「一切都能解釋得通」的上帝視角感理論。
6. 對水準沒你高的人要寬容，因為你也沒有掌握真理。
7. 留出一〇%～三〇%的時間，給自己不懂也不太會接觸的領域。
8. 站在更高角度，發現和專注於自己的獨特之處。
9. 專注於自己的人生大問題。

看自己：遲鈍而有趣

遲鈍也是一種競爭力

如果你想讓現代人選擇增強自身的一個功能，比如看得更遠、力氣更大、速度更快，我想大部分人都會選擇速度更快。

在一個一切都越來越快的時代，處理器每隔十八個月快一倍，網速每隔兩年升級一檔，如果你買個網路會員，你能更快地跳過廣告看內容。每天上班走到樓下，你盯著那個樓層數字，心裡都在喊：快快快！

「快」真的是時代終極解法嗎？先看看下面這個故事。

二〇〇六年，美國ＵＮＸ股票交易公司在關閉前六個月，看到了一個翻身的機會。

想到股票交易，你一定會腦補那種紐交所裡人來人往的畫面，每個人都在瘋狂地打電話，叫嚷著自己要買的數量，滿地都是雪茄灰和白色紙片，一個交易能在幾秒鐘之內完成就算神速了。

但今天這已不是主流。二十世紀九〇年代末，美國證監會允許通過機器交易，機器能在幾毫秒內完成一筆交易，根本來不及等待交易員打電話——這種「高頻交易」占到了今天美國股市交易量的七〇%。電子交易所如雨後春筍般在全美國成立。

位於加州的UNX就是抓住了第一波機器交易機會的公司之一，不過七年下來，這家公司技術過時、硬體陳舊——如果沒有改變，距離倒閉就只有六個月了。公司的董事會主席、哈佛商學院的金融系主任安德列．佩羅德一直在找合適的人。他知道這個人應該理解各種演算法，最好是個跨界人士，不會被過去的思路所限制。他找到了斯科特．哈里森。斯科特精通演算法，在做這個之前，是SOM建築設計事務所的建築師。

二〇〇六年七月，斯科特任CEO，他很快重新建立了演算法，升級了電腦設備，在距離華爾街四千八百公里以外（注意這個數字，未來會成為關鍵）的地方啟動了交易開關。斯科特深信這個更快的系統能幫他們搶到更低的股票價格，從而獲得更高收益。

果不其然，這個系統一上線交易成本就低於同行，業內聞風而動。一年之內，大量客戶轉投其門下，他們超過了一家又一家設備精良的公司——雷曼兄弟公司、瑞士聯合銀行、鐘斯交易公司……到二〇〇七年底，這家沒沒無聞的公司，在所有證券交易公司排行榜的各個分類數據都排到第一，哈里森成為證券界的英雄。

越是發展，越是大膽，哈里森決定走一大步——把公司搬到紐約，因為這可以把交易時間從六十五毫秒進一步降低到三十毫秒。前面提到過，高頻交易的速度是以毫秒計算的，這三十毫秒就是從西海岸傳到東海岸的時間。在股票交易裡，更快的速度意味著更快收到消息、更快反應、更低價格鎖定訂單，而慢一步的對手則不得不用更高價格拿到股票。要知道，芝加哥到紐約的直通收費光纜能讓交易速度提高三毫秒，雖然費用奇貴，但是很多證券公司還是願意用。

哈里森把所有設備都安排好，測試發現速度提高到了三十毫秒。他信心十足地再次按下按鈕，感覺到從優秀走向卓越的機會來了。

但是情況和他想的完全相反：

突然間，公司的交易成本比以前更高了。我們總是在更高的價位上買入股票，賣出之後的收益也變少。雖然交易速度更快，但執行效果卻大不如前。這是我見過的最不可思議的事情。我們花了大量的時間去確認結果，一遍遍地檢驗，但最終得到的都是這個事實。無論我們怎樣努力都沒有用，速度越快，結果反而越壞。

這是為什麼呢？全世界最聰明的大腦們都想不到為什麼，實在沒有辦法的情況下，有人迷信地說，也許是電腦也有「水土不服」？他們試著放慢電腦的速度，讓交易時間重回六十五毫秒。

當每一筆交易時間回到六十五毫秒時，公司又重新登上了排行榜的榜首。這真是太奇怪了！我的意思是說，我們身處全球最有效率的金融市場，每一秒鐘的交易額就達幾萬億美元。搬到紐約之後，我們的速度變得更快，但結果卻變得更糟，於是我們把速度降了下來，問題反而得到解決。這是最令人費解的事情。在這樣一個速度至上的世界裡，你放慢速度，效果居然更好。

UNX有點兒神秘主義的經歷顯然不是事情的最終答案，人們逐漸理解了事情背後的邏輯——延時的好處。

前面說過，高頻交易的股票市場主要由電腦管理，而資深的買家往往會先丟一小部分錢進去試探這個市場，看其他人的反應，最後通過回饋回來的資訊，預測這個股票是否值得投資，最後再大批量買入。這有點兒像比賽中間做一個佯攻動作，觀察對手的反應後再出招。但股票市場更加複雜，是一個多人多次博弈的複雜系統。

在這種情況下，交易的反應太快，就好像看到對方佯攻馬上全力反擊一樣，是有問題的。最後的策略是等待價格穩定了以後再購入。這個「等待」的時間長度很微妙，太早就過敏，成本高；太晚又過於遲鈍，成本也高。找到最佳時間點的過程，就是「延時管理」。

延時到底多長是合適的？這是一個隨著競爭升級持續改變的數字，但是至少在二〇〇七年期間，這個數字是六十五毫秒。斯科特的成功不僅是因為他的高端演算法和精良機器，更重要的是他們公司的地址，正好讓他達成了六十五毫秒延遲。今天所有的高頻交易公司，都在做「延時管理」，通過調整回應速度獲得更低成本。

UNX的經歷其實並不是新鮮事。通信和網路工程行業的人早就知道，快並不一定是好事，如果電腦都在收到資訊那一刻馬上做出反應，往往會在那一瞬間引發網路擁堵，還不如延遲幾秒，成本會低很多。

這種情況在個人生活中更常見。這就好比你下午六點下班開車回家，發現因為大家都下班，反而堵在路上，八點才到家；而七點半出發，也許也是八點到家，錯峰出行也許比快速反應的成本更低，這一個半小時就是你的「延時管理」收益。

在一個資源很多、多重博弈的世界，緩慢反應的能力比敏感有效很多，遲鈍比敏捷更加重要。這種能力，在股票交易中能幫你降低成本，而在管理複雜系統時，遲鈍就是一種生存能力了。

第一反應與第二反應

想像在一個有冷熱水龍頭的地方洗澡。通過調整冷熱兩個水龍頭，能調出溫水，但這種地方直接打開水龍頭時的水溫是永遠沒法讓你滿意的，不是冷得要死就是燙你一下。這次水是燙的，於是你馬上擰冷水龍頭，但是水溫沒有馬上下來，你覺得肯定是冷水放得不夠大，於是繼續擰。過了半分鐘，水突然又一下子變得冰冷，你「哇」的一聲跳開，渾身打戰地調節熱水龍頭。同樣的情況出現了，水溫不熱，你繼續調。十秒鐘以後，又太熱了。

為什麼會這樣？

你已經猜到了，因為管子很長，冷熱水並不會一下子變熱或變冷，系統有自己的延時。當你覺得太冷的時候，已經是一個恰當的刻度了。在一個需要長時間回饋的系統裡，你的每一個即時反應都是過大的。正確的方法就是慢慢擰，讓閥門和水溫都平穩地同步升高，一直到合適為止。如果你的判斷以秒為單位，你會發現永遠無法調到合適的水溫，但是如果以五秒為單位，調到合適的水溫是件很容易的事。

越龐大的系統，回饋的週期越長，越需要更久的時間和耐心。

最好的方式就是克制第一反應，等待第二反應。

身體就是個複雜系統。

如果你要爽，其實一分鐘喝個汽水、吃個垃圾食品就是好選擇；如果你要減重，一～三天是個好週期；如果你要降低體脂，十天才是個合理週期；而如果你要健康，一百天才有可能實現。

企業也是複雜系統。

同樣是刷成就感：玩一盤遊戲的週期是五分鐘，寫一個讀書筆記的週期是四小時，每日做三件事的週期是一天，公司經理的工作週期是一個月，總監和企業看的是一個季度，股東看年回報率，基金一般是五～七年的回報期，而行業有十～三十～六十年的大週期。

操越大的盤，越需要對於短期體驗的遲鈍，需要對於長期受益的想像力。

「人類是唯一會思考遙遠未來的動物。」已經有證據顯示，一些動物會本能地「預備」未來，比如鳥會築巢、水獺會築堤壩、松鼠會儲存食物，但是這更多的是一種本能，並不是思考。狗在接受訓練以後，可以做到因為十五分鐘以後就能吃到的一塊大肉排，忍住不吃眼前的狗餅乾，但是終極長度也就十五分鐘。**在短暫的時間裡，人和動物並無優勢，我們的優勢在更遠的時間裡。**

人性和動物性的尺度，就是時間。只有人類，有能力思考遙遠的未來；也只有持續思考遙遠未來的人，才能堅定地擺脫自己的動物性部分，才不會陷入具體的短期快感中。在思考躍遷裡，我詳細地描述了第一序、第二序的改變，第一序改變往往帶來好的感受，而第二序改變帶來長遠的改變。

關閉朋友圈四個月的損益報告

我對自己做了一個測試——關閉朋友圈。

朋友圈是一個讓你反應更快更高頻的東西。我的一個朋友說：「上班焦慮刷下，看別人在幹嘛。下班路上刷，出去玩總想著發。發就發好看點兒，就要擺拍，拍完又要美圖，美完要想寫什麼，寫完又著急看按讚數，一直看到還在加班的老闆默默地在下面按讚，又開始擔心怎麼辦，要不要給他帶禮物……我這一個假期都花在朋友圈上了。」

不看朋友圈會不會給我帶來重大損失？

從二〇一七年三月五號開始，我關閉了這個功能，至今已一百二十多天。四個多月過去，我沒有錯過任何重要的資訊，甚至連不那麼重要的各種話題都有所耳聞。除了偶爾有人好奇地問問我，幾個人以為我把他們拉黑了，然後也就刪除了我。不過這些社交心理如此不自信的人，也正好是我希望通信錄「瘦身」的目標。但是我的收益是巨大的。我獲得了前所未有的清靜時光，不再為如何在他人面前展示自己，如何討巧不著痕跡地宣傳自己、賣弄智慧，依靠按讚評分而活。

更有趣的是，當你不快速反應追過去，重要的資訊會自動浮現。

比如徐曉東和雷雷（雷公太極）的對壘，一開始挑戰，十五秒被擊倒，雷雷回應，大眾分析，各家回應，雷雷不服，徐曉東繼續向其他人發出挑戰，其他人不理，大家轉身熱炒其他「大師」，討論傳統武術不行了……

整個事情大概持續了一個多月，每個人花在上面的時間，看、傳播、討論，從一小時到數小時不等。如果你可以稍微「延遲」一點兒，在五月底回看這件事情，基本上兩句話就說清楚了。

1. 雷雷絕非太極高手，徐曉東也是一個中等水準的自由搏擊者，二位都沒法代表自己的門派；

2.中國傳統武術的確被過度神話，也養了不少「大師」。在一對一無規則的實戰中，會比較吃虧，但是其哲學、養生意義還是很好。

如果你不是武術或者搏擊愛好者，知道這兩個結論足夠了，大概也就是花十秒的時間。甚至你在更長的週期——年底時回想起來，知道不知道這件事，都對你沒有什麼影響。生活中的大部分熱點，只要忍住第一反應，你會在一個月以後獲得一個清晰、簡單而正確的評價。從這個角度來說，不刷熱點、不第一時間追熱門書、在電影快下架之前才決定是否看，都是非常省時間的方式。

而就在太極武術對壘的同時，卻發生了一件其實與很多人未來命運息息相關的事情——「一帶一路」國際高峰論壇。習近平主席領導最大的陣容出席國際會議。

「一帶一路」的合作重點是：政策溝通、設施聯通、貿易暢通、資金融通、民心相通。

- 政策溝通大會已經結束。
- 設施聯通帶來的會是路橋、建築、水利、鋼鐵以及相關行業的爆發，然後就是通信設備、通信商的機會。接下來所有在中國網路、手機上出現過的機會，都會在那些國家快速湧現一次。
- 貿易暢通讓未來的小商品交易有新的出口方向，未來不僅有海淘，更大的輸出應該是向「一帶一路」沿線國家出售商品，小語種人才會很稀缺。

● 資金融通意味著資金有新的出口，會有跨國的金融服務和投資機會，但要在能保護資金安全的國家，所以未來安保也是一個重要的機會。

● 民心相通，學者表示這意味著文教這個領域會前所未有地爆發，特色小鎮、文化小鎮會湧現。中國需要有自己的「好萊塢」，有自己的文化英雄。和中文相關的文教會更加蓬勃，最近的《詩詞大會》、《朗讀者》等節目大熱，無不是這個信號的印證。

卡車之家的CEO邵震告訴我，卡車出口已經連續幾個月實現三〇〇%的增長。我身邊很多建築施工單位已經競標數額上億元的「一帶一路」工程項目。網路領域的App公司開始開發阿拉伯語的應用。如果你是義烏的小商品製造者，也許應該考慮下這個市場。熱門的海淘領域可以考慮反向輸送。阿里、萬達、中信早就開始全球搜集好的內容產品，五月份引入了Discovery（探索頻道）。對於個人來說，文教、國學這種增強文化自信的產品空間很大，國際教師也很稀缺；國際安保是警衛工作的升級，而要學習一門小語種，阿拉伯語會是個好選擇……

總之，這是一個有機會改變很多人職業選擇方向、創業機會的事，至少對於生涯規劃師是一件大事。但根據我的觀察，很少有人真的對這個在「百度百科」上的文檔仔細研究過哪怕一小時。很多年以後想起來，中國的政策，或者你自身的命運，肯定會與這個國策有一定的關係。

這兩件同時發生的事情，放在一起比較就變得有趣了。在第一反應裡，「一帶一路」遠遠沒有徐曉東、雷雷的對戰體驗好，所以獲得的關注少很多；但是如果在第二反應中，它對於你的影響非凡。

短期體驗好的事情，似乎總是很難達成長期的深遠影響；而缺乏深遠把控，又反過來讓人無法把控未來，焦慮浮躁，空虛沒成就感，更緊迫地需要短期刺激。所以，窮有窮的原因，富有富的理由。浮躁是浮躁的原因，也是浮躁的結果。

遲鈍的人懂得克制第一反應，等待重要的事情浮現。

每個領域的高手都懂得忍住自己的第一反應，等待第二反應。

成為一個有趣的人

遲鈍而有趣？

這看上去是個悖論，遲鈍而專注比較靠譜？

不，就是遲鈍而有趣。遲鈍不是慢，是看到了更大的系統。有趣的人不是浪，而是看到了更遠的格局。

憑著本書一以貫之的民間科學家氣息，我本來準備閃著理性的光輝和你探討：

1.進化論裡，物種會繁殖超過繁衍需要的後代數量，也就是通過冗餘來對抗環境的不確定性；

2. 生物在成長過程中，好奇心和玩做為一種進化機制，到底有多重要？被剝奪的小孩和猴子有多麼生不如死；

3. 今天企業和個人能從有趣這種進化機制中學到些什麼，來應對自己面對的不確定性。

提綱都定好了，深吸一口氣正準備寫。

還是先給你講三個故事吧。

昨天，幾位老友在三里屯西班牙餐廳吃墨魚飯，吃完滿嘴黑。氣泡酒喝到第五杯，有位哥們兒宣布，他明年想去人大讀個明史的博士。

我們都覺得逗，他老兄五十多歲，投資圈大佬，IT（資訊技術）界門兒清的前輩，發什麼神經？

他給我們說了一個故事。

三十多歲那年，他去美國考察，接他的是一個七十五歲的管道工程專家，長得有點兒像海明威，紅光滿面，留著鬍子。老頭一個人住在海邊，所以開了架私人兩座小飛機來接他。

顫顫巍巍地飛了兩個小時，到了海邊的一個小別墅。那是幢老式木質結構的房子，一共有三層，一半架在海上，過去是個海事局辦公所。一樓是客廳，二樓有三間客房，三樓是老頭的起居室，共三間。

老頭帶他上三樓參觀，每個房間裡都有一張大桌子。第一個房間裡擺滿了各種航線圖——那個時候還沒有GPS（全球定位系統），私人飛機飛行要自己算角度和長度，自己繪製航線圖；第二個房間從上到下，掛滿了工程圖，那是他吃飯的手藝——管道工程；第三個房間特別厲害，進去全是各種書和世界名畫的圖片。

我這哥們兒好奇地問，這個是幹嘛用的？

老頭一邊收拾桌子一邊說，哦，我在讀美學博士。

你想那是差不多二十五年前，香港都還沒回歸，全民還在廣州倒騰電子錶。當時哥們兒驚了，沒好意思問，您這七十五歲讀美學博士，畢業到底有啥用？

「今天到了我這個歲數，想起來這個老頭，真厲害。」

當天晚上，他就住在二樓房間，聽著海浪拍打的聲音，躺在床上，開著床頭燈看這個房間——從天花板到牆壁，手糊的幾千本《紐約客》的封面貼滿了房間。老頭說，他喜歡這個雜誌。

「這就是我要去讀博士的原因。」他搖晃第六杯氣泡酒，說。

老頭這種有趣，叫作多元。世界上有好多種生活，不同的年齡有不同的調調，不一樣的地方有不同的文化，笑有笑的痛快，哭有哭的淒美，浪有浪的逍遙，穩有穩的中正——如果你只吃過一種，你不僅是怕不確定，你還怕死，因為總覺得可惜。生活二〇%留白，做點兒不靠譜的事——這樣的人生不會死於某個變化、某個黑天鵝事件，是一個長期穩定進化的生態系統。

我們公司有一個「夢想基金」的制度：每年提供十五天假期，一個月薪水，讓員工做一件「厲害且有趣」的事。有人開始挑戰「7＋2」[17]，有人給自己紋身，有人回家裡陪母親聊她的故事，有人帶著閨密遊歐洲……個人因為這些事變得豐富，組織也因為這些人的改變而變得更有生機、更有創意。

真正的定見，不是一門心思做好遇到的第一件事，這也很偉大，叫作堅持；但真正的定見，來自見過了各種不同的生活，你回來做自己。

第二個故事，是林語堂在《蘇東坡傳》裡記錄的：

有一天，蘇東坡從鳳翔回京都。走在山路上，蘇軾手下一個侍從突然中了山神的邪，一件件地脫衣服，別人勉強給他穿上，把他綁起來，但他還繼續鬧。

蘇軾就走到山神廟裡，對著山神說：「我有一個侍從，也許觸怒山神中了邪。但是這麼一個侍從，值得祢山神這麼怒一下嗎？可能他做了什麼壞事我不知道，但是附近重鎮裡，有很多為富不仁、作奸犯科的人，他們做的壞事遠遠多於這麼一個侍從，祢不對他們發怒，卻欺負這麼一個小人物。祢還是趕緊收了祢的怒火吧。」

走出山神廟。一陣狂風颳了過來，飛沙走石，不能前進。蘇軾對隨從說：「難道山神餘怒未發嗎？我不怕。」狂風越發厲害了。有人求他回去求饒。

17. 編按：「7+2」指攀登七大洲最高峰、徒步到達南北極兩點的極限探險活動。

蘇軾說：「我的命由天地掌握，一個小山神奈我何？」繼續往前走。風小了，那個侍從也就清醒了。

這只是蘇東坡這一輩子的一個小片段。他對神鬼這樣，對強權也是一樣，有自己的氣節，也有自己的才華。難怪他這一輩子官運不好，才氣又通天。流放期間，每次有新詩傳到朝廷，神宗皇帝都會當著眾臣讚嘆一番，吃飯的時候，經常放下筷子看蘇東坡的表狀。皇帝越是讚嘆，群臣就越惶恐，只要神宗在，他們就盡量讓蘇東坡流放久一點兒。

蘇東坡自己卻不在乎，他去了惠州，最後還去了那個時候近乎蠻荒的海南，一切照單全收：「吾上可陪玉皇大帝，下可陪卑田院乞兒。眼前見天下無一個不好人。」但是蘇東坡也不坐「一切都無所謂啦」的人生壁上觀，他深深熱愛生活——不管好和不好——寫的詩詞一會兒批評時事，一會兒調侃政治，一會兒思念兄弟，一會兒懷念亡妻，經常撩撥侍女，沒事調戲和尚，每一個都深深入戲。

蘇東坡這種有趣，叫作超然。美國紐約大學教授詹姆斯・卡斯寫過一本書《有限與無限的遊戲》，書裡提到一個概念，「世界上至少有兩種遊戲，一種是有限遊戲，以取勝為目的；另一種是無限遊戲，以延續遊戲為目的」。

所以，成功是有限遊戲，成長是無限遊戲；專案是有限遊戲，事業是無限遊戲；生命是有限遊戲，意義是無限遊戲；到了蘇東坡這裡，榮辱是有限遊戲，才華和品格，才是無限遊戲。

如果你沒有意識到，在有限遊戲以外還有無限遊戲，就會太計較得失。一個在辦公室被臭罵的員工，如果想起來這只是職業發展這個無限遊戲裡的一個有限遊戲，他就不會沮喪太久。

所謂的超然，**就是在每個有限遊戲裡深深入戲，但是依然有跳出無限遊戲的能力。**

最後這個故事，是一個婦女和科學家的對話。

一個婦女很苦惱，因為生活無趣，她去請教《昆蟲記》的作者讓・尚—亨利・卡西米爾・法布爾。

「教授，我看過您的書。您的工作真偉大，您的思想真有智慧，您有機會研究世界上所有有趣的東西。而我，只是一個無聊的家庭主婦，生活裡面什麼有意思的事都沒有。」

「和我說說妳的生活吧。」

「唉，實在沒有什麼好說的。我每天就坐在台階上削馬鈴薯，每天要削完四袋子；我妹妹就坐在我對面，把馬鈴薯洗乾淨。」

「夫人，」亨利用一種神秘又好奇的語氣說，「妳有沒有想過……妳坐著的台階下是什麼啊？」

「是磚頭啊。」

「磚頭下面呢？」

「是泥巴啊。」

「在泥土之下，還有些什麼呢？」

「嗯，也許有螞蟻。牠們經常從磚縫裡面爬出來。」

「那麼，尊敬的夫人，妳有沒有好奇過，這些螞蟻是從哪裡出來的？牠們在幹什麼？牠們是怎麼溝通的？牠們怎麼生活？牠們是怎麼找到妳的馬鈴薯的？」

這個婦女若有所思。她開始留心這些台階下的磚頭，以及磚頭下泥土裡的小生命。為了懂得更多，她開始去請教亨利，開始去圖書館，甚至開始記錄這些內容。十年後，她甚至在專業雜誌上發表了一篇關於螞蟻生活的專業論文。

她最後成為……不，她最後什麼也不是，也沒有拿到什麼重要的獎項，她的人生最高峰，就是那次在專業雜誌上發表的論文。但是她一輩子都很幸福，而且過得很有趣。因為她生活裡充滿了第三種有趣，那就是好奇心。只要你還有好奇心，這個世界就還在你面前延伸，未來依然可塑。

有統計數據顯示，一個學齡前兒童平均會問父母一百個問題，一項美國的數據甚至顯示，四歲的小女孩一天會問媽媽四百九十個問題，男孩略少。

那我們是從什麼時候開始，不再問「為什麼」的？

就是我們習慣了這個世界的時候。

多元、超然和好奇心，是面對不確定人生的態度，擁抱偶爾，和不確定共舞。好玩兒死了，哪兒還有時間板著臉生活呢？

「遲鈍而有趣」七律

1. 對不重要的事，漠不關心。
2. 忍住第一反應，等待第二反應。
3. 不追熱點，等要點浮現。
4. 尋求整體最優解，站在長週期作判斷。
5. 多元，定期做點兒不靠譜、有趣無用的事。
6. 成功是小機率事件，找到自己的無限遊戲。
7. 放下焦慮，不要放下好奇心。

遲鈍而有趣

看人際：簡單善良可激怒

你微信裡面的好友，有多少曾經和你見過面？見過面的人裡，有多少和你有深交？即使那些曾經與你很熟悉的大學同學，在你的記憶裡，也只是一個名字，你已經來不及認真地重新認識他一次，他到底過得怎麼樣？被什麼所困？現在追求什麼？當年喜歡的那個人，現在怎樣了？

你不能不承認，過去那種天天泡在一起的密友越來越少，「熟悉的陌生人」越來越多。這是一個每個人都是熟悉的陌生人的時代，一個弱聯繫比強聯繫多的時代。**我們從「熟人社會」，逐漸步入了「陌生人社會」**。

美國知名學者弗里德曼這麼描述「陌生人社會」：

走在大街上，陌生人保護我們，如員警；陌生人也威脅我們，如罪犯。陌生人教育我們的孩子，建造我們的房子，用我們的錢投資……

我們知道如何面對一個老朋友，但是如何面對突然出現的「熟悉的陌生人」呢？我們顯然沒有時間與他們像朋友一樣推心置腹（也有風險），但也絕不能置之不理，這樣會讓你失去和世界交流的能力。在這個時代，弱聯繫比強聯繫往往更有價值。在這個陌生人時代，必須有新的品格。

博弈論把這個問題定義為陌生人的「多重博弈」，他們想研究，在這種情況下，什麼樣的人際策略是最優的？

我想大家都聽過「囚徒困境」，我們來簡要回顧一下：

兩個一起作案的共犯，被單獨關起來審訊錄口供，他們各自面臨「打死不說」和「背叛」兩種選擇。

如果雙方都不說，因為證據缺乏，都只判一年；

如果雙方都供出對方，那麼各自判兩年；

如果一個人背叛，另一個人沉默，則揭發者有功，當場釋放；而沉默的人會遭受重罰，五年監禁。

博弈論指出，在無法溝通的情況下，「背叛」是最好的選擇。

這個遊戲充分展示出博弈的人性，以及溝通的重要性。這裡順便解釋了一個生活小常識，為什麼盡量不要在火車站、旅遊景區這種地方購物？為什麼火車站接客的計程車容易宰客？

因為這些商家和你都是單次博弈，不存在回頭客。在這種情況下，最「理性」

的方式就是忽悠你。

但是生活中的大部分博弈，並不是單次的，比如商業合作、交朋友、炒股票……這個時候，什麼是最好的策略？

ＴＦＴ策略

一九八〇年，密歇根大學美國政治科學教授阿克塞爾羅德設立了一個大賽，他邀請一群博弈論學者每人設計一個程式，來玩一場二百輪的「多重囚徒困境」遊戲，看最後什麼策略會勝出。

最後獲得最高分的是一個最簡單的程式。這個程式由蘇聯裔電腦科學家阿納托爾·拉波彼特編寫，名叫「Tit for Tat」（意為「以牙還牙」，以下簡稱ＴＦＴ）。

這個結果引來了各界極大的興趣，於是更大規模的第二輪遊戲開始。這一次，六個國家的六十二個團隊參賽，很多是電腦愛好者，還有進化論博士、電腦科學家。遊戲的規則也有所升級，不再是二百輪，而是以二百為公約數的亂數字，防止大家在最後一輪作弊。畢竟，人生也一樣，誰知道這是不是最後一回見面呢？

神奇的是，最後勝利的依然是最簡單的ＴＦＴ，而且依然贏了一大截。

ＴＦＴ到底使用了什麼策略？

它的策略簡單到你無法相信，就兩條：

- 第一步，合作；
- 以後每一步，重複對手的行動——你合作我合作，你背叛我背叛。

TFT用了一個最簡單的方式鼓勵別人和你實現共贏，這個策略的成功能用這四個詞解釋：**善良、可激怒、寬容、簡單**。

1.善良：TFT的第一步總是在表達善意，總是選擇合作，而且永遠不會主動背叛。

2.可激怒：當對方出現背叛行為，及時識別並且一定要報復，不要讓背叛者沒有損失。我們平常稱之為勇氣。

3.寬容：不因為對方的背叛而長期懷恨在心，沒完沒了地報復，而是讓對方調整自己，重新回到合作軌道上來，既往不咎，恢復合作。

4.簡單：邏輯清晰簡單，易於識別，能讓對方在較短時間內理解策略。而且就一套策略，不管對方現在得分多少，是強是弱，都這麼幹。

TFT的人際策略是陌生人社會裡很好的策略，同樣可應用在真實的商戰、人際交往模式中。

1.沒事不惹事，遇事不怕事。以和為貴，第一個出友善牌。但如果你黑我，我也一定等量報復。絕不做爛好人。

2.既往不咎，面向未來。

過去背叛過、傷害過你的人，不苦苦糾纏、懷恨在心。只要願意重新回到合作軌道上來，既往不咎，盡快翻篇兒。要做到很不容易，尤其是面對傷害過你的人，忘掉過去，面向未來，是一種極致的活在當下。

3.讓人看透，足夠簡單。

一定要用各種方式表明自己的這種策略和態度，然後一直奉行。也許一開始有點兒膈應人，但時間長了，大家知道你就這樣，反而溝通成本很低，合作順暢。反倒是你今天豪爽，明天又精明，大家看不透你，也懶得猜，不如換個人合作。

不僅陌生人的多重博弈是這樣，甚至多次博弈的愛情、友情也都是一樣。對戀人和朋友善良不用說。生活中常見的，多是一些「無能的善良」、「無原則遷就」的人。

有朋友對我說：「我爸爸是個病態的人，每次喝酒喝多了，總是打媽媽。媽媽是個好人，不管爸爸怎麼對她，都一如既往地默默承受，繼續照顧。我說了很多次，他都沒有改變。你覺得該怎麼改變我爸爸這樣的人？」

我說：「有病的不是爸爸，而是媽媽。如果一個人喝酒喝爽了打人，也沒有什麼損失，大家還好好地照顧他，他為什麼要改？反倒是媽媽，一個人這樣對妳，竟然沒有區別對待，是不是病了？」

大家，尤其是很多女性，都被這種無原則的寬容坑害了。

要善良，但是要可激怒。否則別人為什麼要對你好呢？連在起床這件事上，良知都幹不過條件反射，更別說對人好這種宏大動作了。

但如果對方回頭，也要有勇氣從頭來過，既往不咎。

4.多溝通，多溝通，多溝通——不要複雜，不要讓人猜。

千萬別說：「這都猜不到，你不懂我。」每個人的生長環境、生活狀態不同，沒有人能完全懂一個人，如果愛一個人，那就對他講清楚。

講清楚自己的需求，講清楚自己的好惡以及原則。

記住，簡單真實最有力量。

越是深刻的關係，越需要簡單的關係。愛恨分明的人也許不會人見人愛，但總是收穫最深、最好的關係。

要我談戀愛，我寧選趙敏，不挑周芷若；寧選史湘雲，不要林黛玉。

簡單。善良。可激怒。

極致的聰明和善良

寫到書的最後，我想你已經看出一些有趣的端倪，那就是一些外在策略和內在修煉似乎總是成對出現的。

「專注」這把刀，是安在「開放」上的，沒有開放的心態和眼界，不可能專注。

「好奇」這把刀，是安在「遲鈍」上的；不能理解系統，沒法理解留白的重要性，也就無法安心獲得樂趣。

「可激怒」這把刀，是安在「簡單善良」之上的。

外在的聰明，總是安在內在修煉之上。極度的聰明，往往就是極度的善良。

假如今天我們決定做一件看似非常功利的事情——用性價比篩選我們的關係，然後只維持高價值的關係，拋棄其他低價值的關係。我們用高手戰略的選擇思路來作選擇。

哪些關係是「高價值、有優勢」的關係？

- 親人；
- 價值觀和夢想與你一致的人，幫他們就是幫你自己；
- 能和你一起成長的人；

- 能理解你、支持你的情感的人；
- 有實力、主動幫助過你的人。

哪些關係是可反覆運算的？

- 成長加速度和你一樣，甚至比你快的人；
- 懂得互惠、互相支持的人。

根據這個很功利的思路，推導出來的交往原則是這樣的：

1. 善待親人，調整自己，形成和他們的正迴圈，因為你沒得選；
2. 選擇與三種人深交——夢想一致的戰友、成長速度一樣的夥伴、支援你情感的朋友；
3. 持續感謝有實力、幫助過你的人，而且他們往往會傾向於繼續幫你；
4. 其他關係，暫時不管了。

在我看來，如果真的能做到前三點，你也的確沒空搭理其他人，你已經是關係高手了。但是如何能做到這三點呢？

唯一的方式，就是自己成為一個「高價值、可反覆運算的人」，因為對方也是聰明人，也在用同樣的方式篩選朋友。把這些評價標準反過來用在自己身上，就變成了「如何成為一個別人看好、願意交往的高價值之人」的原則：

1. 善待親人，形成正迴圈；
2. 作足夠大的夢，才會有足夠多的人幫你；
3. 快速成長，並讓別人看到；
4. 懂得陪伴，朋友有情緒低落的時候，別評價，也不用著急解決，陪伴就好；
5. 廣結善緣——能力範圍內的，能幫就幫一點兒，恰當接受別人的感謝。

如果真的能做到以上五點，你就是一個極度善良的人。

這樣的思考過程越多，你越能理解：**從一個很功利、頂級聰明的角度出發，最後推導出來的東西，往往會是善良的，頂級的善良。**

孫正義在二十世紀九〇年代說過：雖然市場份額巨大，但是當時中國的市場競爭還處於初級階段，因為廠家還會互相模仿，爭奪類似的產品市場。在日本，公司創業和研發新產品的時候，會第一時間先去請教同行，看他們的研究方向。同行也會在可能範圍內盡量告知。這樣其他人可以盡量躲開在同一個市場競爭，從而彼此都受益更多。當時中國的企業家紛紛表示沒法理解。但是今天，我們能在大量的論壇、創業營看到類似的事情，企業家公開自己的想法和競爭力，讓彼此避免無意義的戰備競賽。你說這是不是聰明？是不是善良？

進化學家對於善良、利他這種基因流傳到今天，感到非常困惑。在生存條件稀缺的時代，利他是件不利於個體生存的事。有的觀點認為，雖然損害了個體的利益，但是進化是基於基因的，所以對於基因是好事；有的觀點則認為，利他能夠很好地互相交換資源，正是這種善良給了個體巨大收益；還有些觀點則強調，在做出利他行為的同時，身體本身就釋放了大量的激素，讓我們更加幸福平靜。利他比利己更加幸福。

但有一點是確定的，聰明的善良是個好東西，它在人性中存在，也會一直存在。越是進化、開明的社會，越善良。在《人性中的善良天使》這本書裡，史迪芬・平克用幾百幅圖表和地圖——他知道論證「人性向善」有多難——論證了一個事實，人類社會正在變得越來越善良。

人類社會正在變得越來越善良。部落間戰事的死亡率比二十世紀的戰爭和大屠殺要高出九倍。中世紀歐洲的兇殺率比今天要高出三十倍。發達國家之間已經不再發生戰爭，發展中國家之間的戰爭死亡人數也只是幾十年前的一個零頭。強姦、家暴、仇恨犯罪、嚴重騷亂、虐待兒童、虐待動物，都出現了實質性的減少。

心理學家理查・特倫布萊則從人類的角度說明這個問題，他衡量了一個人生命進程各個階段的暴力水準，並證明：人類的成長就是一個變得越來越善良的過程。

人最暴力的階段不是青少年，甚至不是青年時期，而是兩歲的時候，所謂「可怕的兩歲」（terrible twos）的確所言不虛。一個剛剛學步的幼兒會踢踢打打，張嘴咬人，尋釁打架，身體攻擊的頻率隨著年齡增長會穩定地下降。

特倫布萊說：「幼兒不會相互殺害，那是因為我們沒有讓他們拿到刀槍。我們過去三十年一直想回答的問題是，孩子是怎樣學會攻擊的。但這是一個錯誤的問題，真正的問題是，他們是怎樣學會不去攻擊的。」

善良是一種心智成熟的表現。我們面向未來、連接和不確定，善良即使不總是正確的選擇，至少也是大機率的正確選擇。

亞馬遜ＣＥＯ傑夫·貝佐斯說：「善良比聰明更難。」其實，善良和聰明是同一個硬幣的兩面。不夠善良的人，其實是不夠聰明，而頂級的善良，需要頂級的聰明去理解。

在上一代野蠻生長的財富爭奪中，富人未必是道德的。但在更加開放、連線性更強的現代社會裡，心智的成熟和物質心靈的富足越來越可以畫上等號——富人未必都是善良的，但是極度的貧困，往往是因為一個人心智水準低。可以說他不夠聰明，也可以說他不夠善良。

知識知識，其實是兩件事，一個是不斷刷新的「新知」，一個是越來越堅定的「舊識」。我知道得越多，就相信得越深：極致的聰明和極致的善良，是同一件事。

人類經歷了這麼多認知升級、科學革命，哲學家、自然科學家、社會學家用越來越多的方式，對世界的理解越來越深，我們一層又一層地找尋事物背後的規律、規律背後的系統、系統背後的真理。打開到最後，卻驚奇地發現，那裡有一些我們在幼稚園就學到過的東西：開放、專注、遲鈍、有趣、簡單、善良、可激怒。

極致的精明和極致的善良，是同一件事。

它們是同一枚硬幣的正反面。

在你不知道該怎麼做的時候，學習知識；

如果知識也不能解決，那就善良些吧。

開放而專注，遲鈍而有趣，簡單善良可激怒

- 連接帶來了現代社會的底層改變。
- 現代高手的七個心智關鍵字：開放、專注、遲鈍、有趣、簡單、善良、可激怒。
- 面對世界，開放而專注，進入系統。
- 面對自己，遲鈍而有趣，智慧而超然。
- 面對他人，簡單、善良、可激怒。
- 面對不確定，善良些吧！

【附錄1】

如何使用這本書？

當我決定寫這本書的時候，我就希望這是一本不同於我過去的書，甚至也不大同於同領域其他書的獨特的書。

在我看來，長久以來個人成長類的書籍有幾個通病：

1. 只講個人成長，忽略社會資源的利用；
2. 只談個人經驗，不談底層邏輯；
3. 只談自己的觀點，不談知識源頭。

剛才說過，我希望這本書不一樣，所以我必須和自己深究。

第一步是擺脫過去個人成長類書籍一個常年避而不談的話題——只談自己的成長、個人努力，好像薪水並不是老闆發的，名聲不是來自別人的評價，學習是自己憋在家裡獨立完成的一樣。

今天這個萬物互聯的時代，如果你不懂得利用網路、人際關係、社會系統的引力，只憑藉你自己的個人努力和天賦，撬動不了社會體系。如果你還被灌輸了「只要足夠努力就……」的思路，估計連幸福都難保。如果把這種思路叫作「狹義成長理論」，我希望能揭示這種個人努力如何撬動社會資源，最後反作用到自我身上，我稱之為「廣義成長理論」。

第二個需要克服的就是狹隘的個人經驗主義。很多類似的文章在簡簡單單丟出來一個自己其實也不太瞭解的名詞概念以後，就匆匆忙忙地開始「我有一個朋友」或「當年我……」的這種完全靠個人經驗（很多朋友的故事搞不好都是編的）的套路，給了一些也許有點兒用但是遇到困難就會無解的技術，因為所有事情要做好都會遇到持續的障礙，一套解決問題的方法，需要底層邏輯、知識和價值觀。

第三種是掐死知識的源頭，顯得很多都是自己琢磨出來的。我在前面說過，現在的人像油畫的畫法，都是直接用投影儀把照片打在畫布上，勾勒出來線條，然後做油漆填色遊戲。這沒有什麼不對，反正你也不希望畫成畢卡索的風格。但是很少有人會告訴你，因為這會減損他自己的「加工價值」，讓畫作顯得沒有那麼珍貴。

這個現象落到寫作領域，就變成大家都成了概念發明家，避而不談他僅僅是把別人的概念改了個字。我提出了「職業生涯三葉草」模型，並把它清晰地寫在《你的生命有什麼可能》一書裡。接下來幾年，在各種不同場合看到了「職業三葉草」、「人生螺旋槳」、「生涯三要素」……我最近最欣賞的一個是「三生三世職業禪」——至少有創意。

更加邪門的是，越是知識工作者，越愛搞這一套，越無視版權。流氓會武術最可怕。

讓我們坦誠點兒。一個人知識相當有限，一輩子能想通的概念也不會超過十個，別說日更，就連年更都是不可能完成的任務，我們大部分都在學習和整合，這本書也是。

油畫的我管不了。但是在知識界，這麼搞對自己一點兒好處都沒有。一個好的來自源頭的概念應該被傳播，被分享。一方面尊重源頭，是對上游挖掘者的尊重，對自己學術生涯的珍視；另一方面，這個時代，你並不是唯一的連接，你沒法通過封閉糊弄所有人。有一天別人看到其他更底層的知識，會轉身鄙夷你，之前的粉就白圈了。

再說，分享源頭也真正能體現出你做的二次創作的價值。沒有人因為《少年Pi的奇幻漂流》一書不是李安寫的，就低估同名電影的價值。這會讓你把注意力放到自己應該努力的環節，而不是小心翼翼地掖著藏著。

最後，分享能讓你更快躍遷。如果理解了知識躍遷，你就該明白，快速讓不同領域的人知道知識源頭，會產生諸子百家效應，引發下一輪的知識躍遷。而你做為這個網路連接最多的點，躍遷的機率一定最大。分享恰恰是快速成長之道。

這一點我很佩服《精進》一書的作者采銅，他老老實實標註出來了一百五十多本書單，雖然很少人真的看，但是看的人收穫甚大，不僅找到粉絲，也找到了朋友。

我也老老實實標注出來了我參考的所有書籍、文章、網頁和公眾號。希望你能看到我腳下隱秘的巨人，和我溝通、交流、碰撞。但我們務必互聯，一起躍遷。

所以這本書的用法是：

1.第一遍，直接從頭讀到尾。我盡量用平實的話來表達，少講術語，這本書的閱讀體驗應該是爽的。一定要讀完最後一章，我主張的東西在裡面。

2.第二遍，回到對於你比較重要的章節。每章背後，我寫了很多具體的操作方式，這些方法值得實踐一下，你對於內容會有第二次體會。

3.第三遍，嘗試轉述、複述給身邊的人，這會讓你加深理解，而且更有影響力。在講不下去的時候回到書上來，翻幾頁，繼續講。

如果你希望超越這本書，注意力應該放到書單和與更多人的溝通上。歡迎聯繫我，不過我希望和認真讀過這本書的人交流。

4.常常放在案頭。這種講述底層邏輯的書，需要常常看，因為我們常常忘，這些邏輯都逆人性。我們人性中有短視、恐懼、貪婪的一面，這些都是下意識的，我們需要通過不斷地強調高層次的意識，擺脫它們。

在我們自己身上，克服這個時代。

【附錄2】

躍遷書單

高手的暗箱：利用規律，放大努力

1.《全新思維》，丹尼爾．平克

未來學家平克，開創性地展示了智慧時代，哪些「人的能力」會成為未來的競爭力：設計感，故事感，交響能力，共情能力，娛樂感，探尋意義。

未來什麼人最有競爭力？會講故事有品味，能夠共情會跨界，有點兒追求很會玩。

2.《人類思維如何與網路共同進化》，約翰．布羅克曼

這其實是一整套書的其中一本，作者所在的這個組織叫作Edge，是一個科學家群體。他們每年思考一個大問題，然後把答案集結成冊——一百多位世界頂級菁英怎麼看這個問題。

3.《科學革命的結構》，湯瑪斯．庫恩

科學史中的經典名著，講清楚了科學關鍵革命的轉換原理「範式轉換」。其實商業、個人也一樣。

4.《萬萬沒想到》，萬維鋼

不怕流氓會武術，就怕理工科的人會勵志，真的是滿滿的、不容分辯的顛覆。

5.《人類簡史》，尤瓦爾・赫拉利

講述了一個史詩般宏偉的大故事——智人是如何通過講故事，創造想像共同體，從而跑贏進化，統治世界的？

6.《隱秘的知識》，大衛・霍克尼

拆穿藝術大師幾個世紀來不為人知的「隱秘」。本書不僅展現了古代大師的失傳技法，更給藝術界帶來重新思考——什麼是藝術最重要的技藝？

高手戰略：在高價值區，做正確的事

1.《精要主義》，格雷戈・麥吉沃恩

做「更少但是更好」的事，切忌貪多求全，事事應允。

2.《選擇卓越》，吉姆・柯林斯、莫滕・T・漢森

不確定的時代，選擇比行動更重要。

3.《不得貪勝》，李昌鎬

「石佛」李昌鎬自傳：當代最偉大棋手的勝負哲學。

4.《策略思維》，阿維納什・K・迪克西特、巴里・J・奈爾伯夫

深入淺出的博弈論經典讀物，用策略思維放大你的能力。

5.《華杉講透孫子兵法》，華杉

結合現代管理和商業，逐字逐句講透《孫子兵法》。最實用和貼近生活現實的講法。

6.《成為華倫·巴菲特》，彼得·W·孔哈特、布瑞恩·奧克斯

二〇一七年介紹「股神」巴菲特的最新紀錄片，很清晰地講明白了巴菲特的投資心法。

7.《打擊的科學》，泰德·威廉斯

「史上最佳打擊手」泰德·威廉斯影響深遠的教科書。巴菲特說，對他的投資理念影響極大。

8.《巨富》，克利斯蒂婭·弗里蘭

巨富不是一般的富人，而是最富的人中間的二〇%的二〇%的二〇%。作者有幸進入這個圈子，跟蹤二十年，記錄了這群人的職業生活形態。幸運的是，這本書沒有寫成流著口水的炫富體，而是很冷靜地分析這群人的成敗特點，有褒有貶。雖身不能至，學點兒總好。

連線學習：找到知識源頭，提升認知效率

1.《精準學習》，成甲

公眾面前，他是「得到」最受歡迎的說書人成甲；私下，他是一個頭腦非常深刻，看事情極其透徹的朋友。這裡面是他學習、抓理念的全套傢伙什兒。

2.《新社會化學習》，托尼·賓漢姆、瑪西婭·康納

社會化學習的書很少，這本算是個開頭吧。

3.《寫作風格的意識》，史迪芬·平克

哈佛著名心理學家，寫過《語言本能》、《思想本質》、《心智探奇》這種非常專業又暢銷的書。這麼一個心理學家，如何看待寫作？近年來讀過的最好的寫作書。這本書好像沒有出大陸簡體字版，只有繁體字版。

4.《如何閱讀一本書》，莫提默．J．艾德勒、查理．范多倫

幫你在讀書這件事情上少走彎路，越早讀到越好。

5.《梅迪奇效應》，弗朗斯．約翰松

梅迪奇家族資助了文藝復興時期大部分重要人物，開啟了整個文藝復興時代，如何用財富和影響力創造知識和創意？這本書解釋了如何通過多學科、多領域的交叉思維，創造出驚人的成就。

6.《卓有成效的管理者》，彼得．杜拉克

「現代管理學之父」彼得．杜拉克最著名的著作之一，大道至簡。這是一本管理者必讀，不讀也要買來收藏的書。

7.《旁觀者》，彼得．杜拉克

其實所有他的著作裡，我最喜歡這本。

8.《如何高效學習》，斯科特．揚

十天搞定線性代數，一年學完麻省理工學院四年本科課程……看似「不可能的任務」，其實只是缺一個高效學習的方法。國外學霸心法。

9.《精進》，采銅

采銅是知乎大神，自帶科學風骨。近年來看到的最翔實有用的個人精進書籍。

破局思維：升維思考，解決複雜問題

【複雜系統】

1.《改變：問題形成和解決的原則》，保羅・瓦茨拉維克、約翰・威克蘭德和理查・菲什

三位史丹佛大學的神經學教授提出一種心理諮詢的「簡快療法」流派。他們有感於大部分的心理問題都是因為自己掉入了心智模式的閉環。不過本書前面講數論的部分極其拗口，不想看直接跳過，也並不影響理解原意。

2.《系統之美》，德內拉・梅多斯

彼得・聖吉的老師，系統思考領域的經典，最好的入門指南。

3.《第五項修煉》，彼得・聖吉

就是這本書提出了「學習型組織」、「心智模式」等概念，第一次把系統論帶入企業管理的跨界之作。在這之前，彼得在麻省理工學院搞火箭工程。

4.《混沌與秩序》，弗里德里希・克拉默

一本詳細、清晰地講述複雜系統、混沌、自湧現等的入門書。

5.《自下而上》，馬特・里德利

揭開這個世界最重要的十六種演變：原來一切改變的力量，都來自暗流湧動的底層。

【思考方式】

1.《打破自我的標籤》，陳虎平

陳虎平也是新東方著名的GRE閱讀老師，在香港中文大學讀完哲學博士，從進化論的角度重新詮釋自我突破，是一本被嚴重低估的好書。

2.《思考，快與慢》，丹尼爾．卡尼曼

諾貝爾獎獲得者、當代最有影響力的心理學家丹尼爾．卡尼曼。他解釋人類有兩套思考系統——系統1和系統2，即快速反應與慢慢分析。

3.《禪與摩托車維修藝術》，羅伯特．M．波西格

美國一代青年人的啟蒙，《時代週刊》評選的二十世紀七〇年代十大最具影響力書籍之一，是很多矽谷英豪的哲學啟蒙書籍。一位修習東方哲學的父親帶領長子騎摩托車橫跨美國大陸的公路對話錄。關於人生、風景、禪修、社會……全書都是這種風格。

「佛陀或是耶穌坐在電腦和變速器的齒輪旁邊修行，會像坐在山頂和蓮花座上一樣自在。如果不是如此，那無異於褻瀆了佛陀，也就是褻瀆了你自己。」

另一本類似的書是《和尚與哲學家》。

4.《決策與判斷》，斯科特．普勞斯

社會心理學入門讀物，一本幾乎涵蓋了所有決策相關內容的書。

5.《高效能人士的七個習慣》，史蒂芬．柯維

這本書被稱為「永恆的暢銷書」。與其說是「七個習慣」，不如說是自我修煉的「七個信條」。這本書的閱讀經歷很有趣，年輕的時候翻覺得全部都是雞湯，現在看覺得寫得好，讀其他大部分書，感受正相反。

內在修煉：躍遷者的心法

1.《稀缺》，塞德希爾．穆來納森、埃爾德．沙菲爾

貧窮不是什麼財富數字，而是一種稀缺心態。本書揭示了稀缺的成因，以及從稀缺走向富足的方法。

2.《關於人生，我所知道的一切都來自童書》，陳賽

「每個人有三次讀童書的機會，一次是孩子時期，一次是做父母的時期，一次是生命盡頭。」

難得有一本中國人自己寫的童書通覽，作者也難得有一顆童心。如果你聽說過童書蘊藏智慧，又不知道從哪裡開始，那就從這本開始。

3.《蘇東坡傳》，林語堂

講述蘇軾做為一個才華極高的樂天派，無可救藥的癲狂一生。作者林語堂也難得地寫嗨了。

4.《聰明的投資者》，班傑明．格雷厄姆

巴菲特說：這是有史以來關於投資的最佳著作，是理性投資的基石。

5.《窮查理寶典》，查理．孟格

匯集投資大師查理．孟格關於投資、學習與人生的心得。這本書說實話太長，我還沒看完。成為高手之路之所以和以往再不相同，是因為這個世界正在發生許多無法想像的深度連接。正是因為有了連接，才有機會找到頭部、連線進化，實現躍遷。

國家圖書館出版品預行編目資料

躍遷：「羅輯思維」最受歡迎的知識大神教你在迷茫時代翻轉人生的 5 大生存法則！ / 古典著 . -- 初版 . -- 臺北市：平安文化，2018.4　面；　公分 . --（平安叢書；第 590 種）（邁向成功；70）

ISBN 978-986-96077-3-5（平裝）

1. 成功法 2. 思考

177.2　　107002954

平安叢書第 590 種

邁向成功叢書 70

躍遷

「羅輯思維」最受歡迎的知識大神教你在迷茫時代翻轉人生的5大生存法則！

作　者—古典
發 行 人—平雲
出版發行—平安文化有限公司
台北市敦化北路 120 巷 50 號
電話◎ 02-27168888
郵撥帳號◎ 18420815 號
皇冠出版社（香港）有限公司
香港銅鑼灣道 180 號百樂商業中心
19字樓1903室
電話◎ 2529-1778　傳真◎ 2527-0904
總 編 輯—許婷婷
責任編輯—蔡維鋼
美術設計—王瓊瑤
著作完成日期— 2017 年
初版一刷日期— 2018 年 4 月
初版七刷日期— 2022 年 9 月
法律顧問—王惠光律師

讀者服務傳真專線◎ 02-27150507
電腦編號◎ 368070
ISBN ◎ 978-986-96077-3-5
Printed in Taiwan
本書定價◎新台幣 380 元 / 港幣 127 元